EVA-MARIA BAST | MANUELA KLAAS

Genial erfunden

50 GEGENSTÄNDE AUS UNSEREM ALLTAG
UND WAS DAHINTERSTECKT

D1718341

Bast, Eva-Maria; Klaas, Manuela
Genial erfunden – 50 Gegenstände aus unserem Alltag
und was dahintersteckt

DIE WELT in Kooperation mit:
Bast Medien GmbH, Münsterstr. 35, 88662 Überlingen
(verantwortlich)
1. Auflage 2017
ISBN: 978-3-946581-26-0

Copyright: Bast Medien GmbH
Ressortleitung: Heike Thissen
Lektorat: Charlotte Janott
Covergestaltung: Jarina Binnig, Cornelia Müller, Carina Regauer
Layout: Homebase – Kommunikation & Design, Jarina Binnig
Satz: Carina Regauer
Druck: werk zwei Print+Medien Konstanz GmbH

Von den Machern der preisgekrönten Reihe „Geheimnisse der Heimat"

Inhalt

Vorwort   *7*

Die Autorinnen   *9*

01. Erfindung
Telefon – *Gurkensalat und das Fräulein vom Amt*   *10*

02. Erfindung
Schallplatte – *Das Knistern gehört zum guten Ton*   *16*

03. Erfindung
Hausnummern – *Ordnung muss sein!*   *20*

04. Erfindung
Nylonstrümpfe – *Verführung pur*   *23*

05. Erfindung
Geldautomat – *Banknoten statt Schokolade*   *27*

06. Erfindung
Papiertaschentuch – *Seidenweich, saugfähig, hygienisch*   *31*

07. Erfindung
Glühbirne – *Den Herren ging ein Licht auf!*   *34*

08. Erfindung
Bleistift – *Die Mischung macht's!*   *38*

09. Erfindung
Porzellan – *Harte Arbeit für zartes Geschirr*   *43*

10. Erfindung
Rolltreppe – *Rechts stehen, links gehen*   *47*

11. Erfindung
Teebeutel – *In Seide gehüllte Proben*   *51*

12. Erfindung
Taktstock – *Was die Welt zusammenhält*   *54*

13. Erfindung
Kugelschreiber – *Der Zauber eines kleinen Farbballs*   *57*

14. Erfindung
Lippenstift – *Sinnlich und erotisch*   *60*

15. Erfindung
Schraube – *Auf den richtigen Dreh kommt es an*   *64*

16. Erfindung
Kronkorken – *Mit einem Zisch!*   *67*

17. Erfindung
E-Mail – *Eine ernstzunehmende „Spielerei"*   *70*

18. Erfindung
Wegwerfwindel – *Schluss mit dem Auskochen*   *73*

19. Erfindung
Koffer – *Vom Lederbeutel zum Kunststoffgepäck mit Rollen*   *76*

20. Erfindung
Radar – *Wer zu schnell fährt, wird geblitzt*   *80*

21. Erfindung
Streichhölzer – *Der Funke, der Erleuchtung bringt*   *84*

22. Erfindung
Spreizdübel – *Fester Halt in jeder Wand*   *88*

23. Erfindung
Auto – *Viel Entschlossenheit und eine Hutnadel*   *92*

24. Erfindung
Tipp-Kick – *Fußball im Kleinen*   *95*

25. Erfindung
Briefmarke – *Ein kleines, aber wertvolles Stück*   *98*

26. Erfindung
Alleskleber – *Ein Vogel stand Pate*   *102*

27. Erfindung
Steckdose – *Die Sache mit den Stiften*   105

28. Erfindung
Klettverschluss – *Abgeschaut bei Mutter Natur*   108

29. Erfindung
Sattel – *Spiegel der Gesellschaft*   111

30. Erfindung
Lego-Stein – *Spielzeug mit System*   115

31. Erfindung
Dosenöffner – *Ein martialisch aussehendes Gerät*   119

32. Erfindung
Nagellack – *Abfallprodukt der Automobilindustrie*   122

33. Erfindung
Kaugummi – *In aller Munde*   126

34. Erfindung
Fernseher – *Einzelne Punkte ergeben ein Bild*   130

35. Erfindung
Konservendose – *Es geht ans Eingemachte*   133

36. Erfindung
Sonnenbrille – *Vom Symbol der Weisheit zum Symbol der Coolness*   137

37. Erfindung
Kaffeefilter – *Melitta – Ein Vorname wird zur Weltmarke*   141

38. Erfindung
Ball – *Eine runde Sache!*   144

39. Erfindung
Schlüssel – *Der lange Weg zum gesicherten Eigentum*   147

40. Erfindung
Dauerwelle – *Unter der Haube*   150

41. Erfindung
Fahrrad – *Die Sache mit den zwei Rädern*   155

42. Erfindung
Sicherheitsnadel – *Erfunden in drei Stunden*   158

43. Erfindung
Bohrmaschine – *Tiefenentspannt Löcher gebohrt*   161

44. Erfindung
Besteck – *Großes Misstrauen gegenüber der Gabel*   164

45. Erfindung
Einkaufswagen – *Als die Waren rollen lernten*   167

46. Erfindung
Feuerlöscher – *Stets einsatzbereit*   170

47. Erfindung
Radio – *Kaktus, Kleid und Kofferradio*   174

48. Erfindung
Rollschuhe – *Von blauen Flecken und aufgeschürften Knien* 177

49. Erfindung
Reißverschluss – *Auf und zu am laufenden Band*   180

50. Erfindung
Heftpflaster – *Der Streifen für kleine Verletzungen*   183

Quellen, Literatur, Bildnachweis   186

Vorwort

*U*nser Alltag ist gut, weil wir von Genialität umgeben sind. Alles, was wir – jenseits der Natur – sehen, anfassen, benutzen und genießen, ist das finale Produkt eines Geistesblitzes, einer Eingebung, die außergewöhnliche Menschen hatten. Die Erfinder.

Sie ließen sich von Misserfolgen und Miesmachern nicht beirren. Sie verfolgten ihre Visionen hartnäckig bis besessen, schlugen Widersacher und Konkurrenten aus dem Weg. Die Geschichte der Erfindungen, ohne die unser Leben eine Qual wäre – oder zumindest sehr viel Zeit und Energie kosten würde –, liest sich wie ein Krieg genialer Köpfe um die beste Idee.

Der Krieg, der Vater aller Dinge, auch der Dinge des Alltags. Am Ende steht aber kein Friedensvertrag, sondern die Anmeldung des Patents – nach der intellektuellen, wissenschaftlichen Leistung offenbar der zweitwichtigste Moment im Erfindungsprozess. Genialität braucht halt auch die List der Planung und den Stempel der bürokratischen Anerkennung.

Unser Alltag ist gut, weil sich geniale Menschen mit Naturwissenschaften beschäftigen. Ohne Mathematik, Physik und Chemie gäbe es keinen Wohlstand, keine Kommunikation, keine Orientierung, keine Erholung von der Mühsal des Tages, keine Muße. Die Natur würde uns ständig besiegen, und Gott wäre unser einziger Ausweg. Die Naturwissenschaften sind die Grundlage unserer Zivilisation – ja, zugegeben, auch ihre größte Bedrohung.

Unser Alltag ist gut, weil wir spielen möchten. Homo ludens im Einsatz – in seiner ausgeprägtesten Form, wenn er den Ball erfindet und den Tipp-Kick, Fußball auf dem Tisch, für jedermann, ganz einfach, mit einem Finger zu bedienen. Je ein Feldspieler und ein Torwart pro Mannschaft. Und eine Kugel. Das größte Spiel der Welt reduziert auf das Minimum.

Der Spieltrieb ist die höchste Form der Freiheit – und der Leistung. Wer spielen will, sucht den Spaß und den Kick des Siegens. Also genau das, was Erfinder antreibt.

Dass so viel Arbeit und Wissen in den Dingen des Alltags steckt – dieses Bewusstsein ist uns abhanden gekommen.

Wir sehen den Geist nicht mehr, der am Werk war, als diese Dinge erfunden wurden und der immer noch wirkt, jedes Mal, wenn wir sie betätigen. Wir sehen, bestenfalls, nur den Nutzen, den wir davontragen.

Die Entstehungsgeschichte der Alltagserfindungen kann das ein wenig wettmachen. Sie ist kein Stoff für den Party-Smalltalk, keine Informationssammlung to go, sondern unterhaltsames Wissen zur Bewusstseinserweiterung.

So wie zum Beispiel bei der Rolltreppe. Ein „unendliches" Fortbewegungsmittel, das sich selbst von der Stelle nicht bewegt. Eine Erfindung, die ohne Geometrie nicht denkbar, ohne Kaufhäuser und U-Bahnen sinnlos wäre. Sie ist durchnormiert in der Bewegungsgeschwindigkeit und beim Handlauf und sogar der Gesetzgeber hat Einfluss genommen. Stichwort: Sturzgefahr!

Den eindrucksvollsten Moment der Rolltreppe erleben wir allerdings, wenn sie steht. Dann erst fällt uns auf, was wir an ihr haben. Die Grenzen der Genialität sind dann die Grenzen unserer Welt.

Wolfgang Scheida

Wolfgang Scheida
Ressortleiter ‚Leben und Wissen'
DIE WELT

Die Autorinnen

Eva-Maria Bast, Jahrgang 1978, arbeitet seit 1996 als Journalistin. 2011 gründete sie mit Heike Thissen das Redaktionsbüro „Büro Bast & Thissen", das 2013 in „Bast Medien" überging. Eva-Maria Bast initiierte und schreibt die Buchreihe „Geheimnisse der Heimat", die 2011 startete, rasch zu einem regionalen Bestseller wurde und die 2017 in 42 Bänden vorliegt. Sie wurde für ihre Arbeit mehrfach ausgezeichnet, unter anderem erhielt sie mit dem Südkurier für die „Geheimnisse" den Deutschen Lokaljournalistenpreis der Konrad-Adenauer-Stiftung in der Kategorie „Geschichte". 2012 begann Bast sich auch der Belletristik zu widmen. Neben zwei Krimis erschien ihre zeitgeschichtliche Jahrhundert-Saga. Seit Juni 2015 ist sie Gastdozentin an der Hochschule der Medien Stuttgart. 2016 erweiterte Bast ihr Verlagsprogramm, unter anderem um die „Women's History", das erste deutschsprachige Magazin über Frauen in der Geschichte. Eva-Maria Bast lebt mit ihrer Familie am Bodensee.

Manuela Klaas, Jahrgang 1962, arbeitete nach ihrem Abitur drei Jahre als Maskenbildnerin am ehemaligen Opernhaus, Theater und Philharmonie Essen, bevor sie in der Kölner Südstadt und an der Université d'Aix-Marseille Sprachen studierte. Nach erfolgreichem Abschluss als Diplom-Übersetzerin widmete sie sich der Erziehung ihrer drei Kinder. Seit 2011 schreibt Manuela Klaas als freie Journalistin für die Tageszeitung Südkurier in Überlingen am Bodensee. Hier lernte sie Eva-Maria Bast kennen, mit der sie sich seit 2014 auf Spurensuche für diverse Buch- und Zeitschriftenprojekte in Deutschland, der Schweiz und Österreich begibt.

Alexander Ruhe telefoniert nicht nur gern, er hat auch die Geschichte zur Entstehung des Telefons recherchiert.

01

Telefon

Gurkensalat und das Fräulein vom Amt

D as Pferd frisst keinen Gurkensalat." Das verkündete der Erfinder Philipp Reis (1834-1874) im Physikalischen Verein in Frankfurt. Und er verkündete es nicht nur, nein, er sprach diesen Satz in ein merkwürdig anmutendes Gerät. Der Frankfurter Historiker Alexander Ruhe kann sich ein Schmunzeln nicht verkneifen, als er die Geschichte erzählt, die im

Zusammenhang mit der Erfindung des Telefons steht. Doch der Reihe nach: Denn die Geschichte zur Erfindung des Telefons ist lang und das Kapitel mit dem Pferd, das keinen Gurkensalat frisst, nur einer – wenn auch ein besonders wichtiger und amüsanter – von vielen bedeutenden Momenten.

Die Geschichte des Telefons ist geprägt von der Liebe eines Mannes zu seiner kranken Frau, von unlauteren Geschäftsmodellen wie Ideenklau, von genialen Denkern, vom begehrten Fräulein vom Amt und von jeder Menge Technik. Sie nimmt ihren Anfang bei den Physikern Carl Friedrich Gauß (1777–1855) und Wilhelm Eduard Weber (1804–1891), denen es gelang, kodierte Signale über elektrische Leitungen zu senden. Fünf Jahre später hatte Charles Grafton Page (1812–1868) die Idee, eine Drahtspirale, durch die Strom fließt, zwischen die beiden Pole eines Hufeisenmagneten zu setzen. Dabei stellte er fest, dass „tönende Schwingungen" entstehen, wenn der Strom auftritt oder verschwindet, was er als „galvanic music" bezeichnet. Und dann ging es Schlag auf Schlag: Innocenzo Manzetti (1826–1877) baute in den Jahren 1864 und 1865 einen Apparat, mit dem eine Stimme immerhin 500 Meter weit übertragen werden konnte. Sofort meldete sich ein Herr namens Antonio Meucci (1808–1889) aus New York zu Wort, seines Zeichens Theatermechaniker, der erklärte, selbst einen solchen Fernsprechapparat für seine durch Rheuma ans Bett gefesselte Frau erfunden zu haben. Allerdings war das Verfahren etwas komplex: Der, dessen Stimme übertragen werden sollte, musste sich nämlich eine Klemme in den Mund schieben. Bei Manzetti hingegen gab es schon einen Hörer. Und nun kommt der Taubstummenlehrer Alexander Graham Bell (1847-1922) ins Spiel, allerdings auf denkbar unrühmliche Weise: Aus finanziellen Gründen konnte Meucci die Kosten für ein Patent nicht aufbringen. Aufgrund verschlungener Umstände kam Alexander Graham Bell an Meuccis Unterlagen. Meucci forderte 1874 zwar die Herausgabe derselben, man teilte ihm jedoch mit, diese seien verlorengegangen. „Als Bell das Telefon zum Patent anmeldete, ging Meucci zwar dagegen an, er versuchte, wenigstens eine Entschädigung zu bekommen, doch

„Man musste regelrecht brüllen, um den anderen zu verstehen."

das gelang nicht", erzählt Alexander Ruhe. Bell sollte noch einen weiteren Apparat eines Kollegen als „Grundlage" für seine Arbeit nehmen: den Apparat, den eben jener Johann Philipp Reis (1834–1874) erfunden hatte, der in Frankfurt vom Pferd und vom Gurkensalat sprach. „Er war der erste, der eine funktionierende elektrische Fernsprechverbindung aufbauen konnte", erzählt Alexander Ruhe. „Ihm ist auch der Name Telefon zu verdanken, er hat den Begriff geprägt. Reis war durchaus engagiert: Drei verschiedene Prototypen des Telefons entwickelte er in den Jahren zwischen 1858 und 1863, darunter auch das Kontaktmikrofon auf der Grundlage einer hölzernen Ohrmuschel, die er selbst entwickelt hatte. Auch das Trommelfell hatte Reis nicht vergessen, er verwendete dafür Naturdarm und einen Platinstreifen als Gehörknöchelchen. Wenn die Schallwellen dieses Trommelfell erreichten, geriet es in Schwingung. Später ersetzte er das Trommelfell durch einen Trichter, den er mit einer Membran bespannte. Der Empfang funktionierte über eine Stricknadel, auf der eine Kupferdrahtspule saß und durch welche die Stromimpulse des Kontaktmikrofons flossen. Und dann kam der 26. Oktober 1861, als sich die Mitglieder des Physikalischen

„Es musste ein Satz sein, auf den der, der sich am anderen Ende der Leitung befand, nicht von selbst kommen konnte. Nur so war sichergestellt, dass die Erfindung wirklich funktionierte."

Vereins versammelten und Reis den berühmten Satz vom Pferd, das keinen Gurkensalat frisst, sprach. Wie aber kam er dazu, ausgerechnet diese Worte zu wählen? Alexander Ruhes Erklärung ist ganz und gar logisch: „Es musste ein Satz sein, auf den der, der sich am anderen Ende der Leitung befand, nicht von selbst kommen konnte. Nur so war sichergestellt, dass die Erfindung wirklich funktionierte." Reis' Methode entpuppte sich als Erfolg – der Mann am anderen Ende verstand bestens. Und gewundert hat er sich über die seltsame Wortwahl vermutlich auch. Der vom Erfolg beflügelte Reis entwickelte seinen Apparat immer weiter und versandte ihn in alle Welt. So landete er auch in den Händen von Alexander Graham Bell, der mit seinem Assistenten Thomas A. Watson (1854-1934) einen ähnlichen Apparat nachbaute und auch gleich dafür sorgte, sich die Rechte zu sichern. Es war ein Wettlauf mit der Zeit, denn nur zwei Stunden nach ihm wollte Elisha Gray (1835-1901), ebenfalls ein Erfinder, sein Telefon zum Patent anmelden. Gray war in seiner Erfindung schon viel weiter als Bell, dessen Anmeldung eigentlich noch gar nicht funktionsfähig war. Bell hatte es eilig, er wollte der erste sein. Und er bekam, was er wollte, nämlich am 7. März 1876 das Patent für sein Telefon. So einfach war das allerdings nicht, es kam zu fast 600 Prozessen, die allerdings alle zu Bells Gunsten ausgingen. Daraufhin trat er mit seinem Telefon eine Werbetour an, um die Öffentlichkeit von seiner Erfindung zu überzeugen. Und so machte er die Bekanntschaft von Wissenschaftlern, die für den damaligen brasilianischen Kaiser, Pedro II. (1825-1891) arbeiteten. Diesem wurde das Telefon bei einer Ausstellung im Juni 1876 präsentiert. Seine Wissenschaftler fanden, das Telefon sei „das größte Wunder, das je auf dem Gebiet der Elektrizität vollbracht worden ist". Bell gründete 1877 die Bell Telephone Company, welche sich 1885 in die American Telephone and Telegraph Company (AT&T) umbenannte.

Bis man so richtig an das Telefon glaubte, sollte allerdings noch einige Zeit vergehen. Ein britischer Postbeamter war davon überzeugt, die Idee werde sich nicht durchsetzen, schließlich gebe es

Das Telephon, erfunden von Capitain John Taylor.

Die vermutlich erste bildliche Darstellung des „Telephons", die in der Illustrirten Zeitung *im Jahr 1846 veröffentlicht wurde.*

genügend Botenjungen. Und dann war es lange Zeit alles andere als einfach, jemanden an die Strippe zu bekommen. Man musste bei den

„Fräulein vom Amt" in der Zentrale anrufen, die an Schaltschränken saßen und die Verbindungen vornahmen. Die hatten schnell den Ruf weg, die begehrtesten Damen des Landes zu sein, da jeder mit ihnen sprechen wollte. „Und die Telefonate wurden anfangs noch ziemlich laut geführt", sagt Alexander Ruhe. „Man musste regelrecht brüllen, um den anderen zu verstehen." Doch das Telefon war auf dem Vormarsch und nicht mehr aufzuhalten. Der Eisendraht wurde durch Kupfer ersetzt und das Mikrofon verbessert. Man verlegte Kabel, so viele, dass um 1900 etwa 80.000 Kilometer vorlagen. Und die „Fräulein vom Amt" wurden nach und nach durch Wählscheiben ersetzt, die die Brüder John und Charles Erichson erfunden hatten.

Die Einführung der Wählscheibe erlaubte einen selbstständigen Verbindungsaufbau.

Eine feierliche Abschiedszeremonie erhielten die „Fräulein vom Amt" im Jahr 1966 durch den Bundespostminister Richard Stücklen bei Hannover. Und mit ihnen löste sich ein begehrter Frauenberuf in Luft auf. Begehrt war nicht nur der Beruf selbst – zeigte er doch Unabhängigkeit vom Mann und eine frische Abwechslung zu den traditionellen Frauenaufgaben wie Krankenschwester oder Köchin. Auch die Telefonistinnen selbst galten als begehrt unter den männlichen Anrufern. Als attraktive Vermittlerinnen waren sie bis dato neben dem gewünschten Gesprächspartner Zielscheibe der männlichen Anrufer.

Das Bedienen der Wählscheibe war da weitaus weniger spannend. Ob die Anzahl der männlichen Anrufer mit der Einführung der Wählscheibe nachließ, ist nicht belegt.

Eva-Maria Bast

Die Entstehung des Handys

„Es hat zwar nur eine Batterielaufzeit von 20 Minuten, was aber auch nicht weiter tragisch ist, denn länger kann man das Telefon sowieso nicht hochhalten." Liest man diesen Satz, mit dem der Entwickler des ersten, 1 Kilo schweren Handys, Martin Cooper, seine Erfindung kommentiert haben soll, heutzutage auf seinem – weitaus leichteren – Smartphone, so hat man im Gegensatz zu früher wohl noch genügend Kraft, das Gerät so lange weiter hochzuhalten, dass man dieses Zitat noch einmal lesen kann. Denn das muss man vielleicht, um zu realisieren, dass es hier um die Mutter unseres heutigen Smartphones geht: Das DynaTAC 8000X, mit dem sein Erfinder im April 1973 ausgerechnet seinen Konkurrenten Joe S. Engel anrief. Anders als seinerzeit Philipp Reis bediente er sich aber keiner merkwürdigen Worte, sondern sagte nur: „Ich melde mich bei Ihnen, um zu hören, ob meine Stimme auf Ihrer Seite gut hörbar ist." Zehn Jahre später kam das Handy auf den Markt. 4.000 Dollar kostete es, 300.000 Amerikaner kauften es. Das war der Anfang eines unfassbaren Booms: Handys wurden immer weiter entwickelt, Smartphones entstanden, die heute mit allen technischen Raffinessen ausgestattet sind: Fotografieren, Mails beantworten, im Internet surfen – all das geht vom Smartphone aus zusätzlich zum Telefonieren. Wurden Handybesitzer früher regelrecht bestaunt, hat sich die Situation inzwischen gar ins Gegenteil verkehrt: Wer heute kein Handy hat, gilt als Exot.

02

Schallplatte

Das Knistern gehört zum guten Ton

Lange galt die Schallplatte als Auslaufmodell. Doch ausgerechnet in einer Zeit, in der es immer mehr digitale Medien gibt, erfreut sich der analoge Tonträger aus Vinyl wieder großer Beliebtheit. Obwohl fast jeder die kreisförmige und meist schwarze Scheibe mit dem charakteristischen Mittelloch kennt, ist der Name ihres Erfinders den meisten Menschen unbekannt.

„1888 entwickelte der deutsche Auswanderer Emil Berliner in den USA die erste Schallplatte aus Zinkblech", erzählt Wolfgang Niedecken, Frontmann der Kölschrock-Band BAP. „Zwei Jahre später wurden bereits Platten aus Hartgummi hergestellt und ab 1895 kamen die ersten Schellackplatten auf den Markt."

Der aus Hannover stammende Emil Berliner (1851-1929) schuf damit die Voraussetzung für das massenhafte Vervielfältigen von Musik und gesprochenem Text. Das dafür geeignete Abspielgerät, das Grammophon, entwickelte Berliner gleich mit. Zuvor hatte Thomas Alva Edison (1847-1931) bereits den Phonographen, ein Gerät zur akustisch-mechanischen Aufnahme und Wiedergabe von Schall, erfunden. Während sich Edison jedoch im Zuge neuer Erfindungen vom Phonograph wieder abwandte, experimentierte Berliner mit dem Klangschreiber seines Erfinderkollegen: Er änderte den Winkel zwischen Nadel und Trägerfolie um 90 Grad und erfand so die laterale Schallaufzeichnung. Bei der Aufnahme wurde die Nadel durch die Schallwellen seitlich ausgelenkt. Dieses Verfahren, das nach seinem Entdecker auch „Berlinerschrift" genannt wird, ermöglichte das Abspielen eines flachen Tonträgers. Dadurch konnte eine Aufnahme wesentlich einfacher vervielfältigt werden als mit Edisons Phonographenwalze. Die älteste bis heute erhaltene Berliner-Schallplatte ist ein von ihm selbst angefertigtes Zink-Positiv, datiert vom 25. Oktober 1887.

Wolfgang Niedecken und die erste BAP-Platte aus dem Jahr 1979 „BAP rockt andere kölsche Leeder".

„Damals war die Tonspeicherung eine technische Sensation", sagt Wolfgang Niedecken. „Dank industrieller Reproduktionsverfahren war sie nun massenhaft herstellbar."

Am 8. November 1887 meldete Berliner sein Patent „Verfahren und Apparat für das Registrieren und Wiederhervorbringen von Tönen" beim Kaiserlichen Patentamt in Berlin an. Bereits fünf Wochen zuvor hatte er seine Erfindung in Washington patentieren lassen.

1999 schreibt der Autor Christian Büchele in einem Begleitheft zu einer Ausstellung über die Geschichte der Tonträger: „Die Nebengeräusche auf den ersten, im Zinkaufnahmeverfahren hergestellten Platten waren gravierend. Die ersten Grammophone hatten keinen Federmotor. Sie mußten während des Abspielvorgangs mit der Hand angekurbelt werden, was in der Regel natürlich fürchterliche Gleichlaufschwankungen mit sich brachte. Die Schallplatte wurde folglich als Medium zur Musikkonservierung nicht richtig ernst genommen. Vorerst faszinierte nur die Technik, was dazu führte, daß Schallplatten vorwiegend in Spielzeuggeschäften verkauft wurden."

Die gute alte Schallplatte liegt wieder voll im Trend.

Die Herstellung der Schallplatte blieb zunächst eine kostspielige Angelegenheit. Im Jahr 1904 zahlte man für eine Grammophon-Platte stolze 2,50 Mark. Das damalige durchschnittliche Monatsgeld lag bei 50 Mark, ein Kilo Rindfleisch kostete 1,42 Mark.

1930 brachte das New Yorker Musiklabel RCA Victor die erste langspielende Vinylschallplatte heraus. Ihr Rohstoff Polyvinylchlorid (PVC), kurz Vinyl, war nahezu unzerbrechlich und wesentlich kostengünstiger als das teure Naturprodukt Schellack.

Von den 1950er-Jahren bis zum Ende der 1970er-Jahre war den meisten Jugendlichen nichts so heilig wie ihre Plattensammlung. Konkurrenz bekam die schwarze Scheibe von Kassetten und Tonbändern, doch erst die Compact Disc, kurz CD genannt, die Anfang der 1980er-Jahre auf den

Markt kam, ersetzte nach und nach die Schallplatte. „Damals musste man sich entscheiden, ob man auf CD umstellt oder nicht", berichtet Wolfgang Niedecken. Ein Jahrzehnt später stellte die Musikindustrie Veröffentlichungen auf Vinyl fast völlig ein.

„Damals war die Tonspeicherung eine technische Sensation."

Heute sind die alten Platten wieder Kult. Für viele Sammler gehört ein minimales Knistern und Rauschen beim Abspielen einfach dazu. Wolfgang Niedecken erinnert sich noch gut an die erste Langspielplatte von BAP, welche die Band 1979 aufgenommen hat. „Weil uns ein Farbcover als Umschlaghülle zu teuer war, haben wir auf die ersten 4000 Ausgaben Postkarten geklebt", erzählt der Musiker. „Auf einmal ging das Ding ab durch die Decke und dann haben wir uns doch fürs Farbcover entschieden. 2015 wurde die Platte vergoldet."

Manuela Klaas

....

Schallplatte im All

Die Schallplatte schaffte es sogar bis ins All! Als 1977 die beiden interstellaren Sonden Voyager I und II der amerikanischen Raumfahrtbehörde NASA in den Weltraum geschickt wurden, hatten sie je eine vergoldete Schallplatte an Bord, die eine Botschaft an außerirdische Lebewesen enthielt. Auf den Hüllen befand sich eine Anleitung zur Dekodierung der Datenplatte. Die Botschaft setzte sich zusammen aus Geräuschen von der Erde, Grüßen in 55 verschiedenen Sprachen und Ausschnitten von Musikstücken aus allen Ländern der Erde. Zudem sind auf den Platten eine Audiobotschaft des damaligen UN-Generalsekretärs Kurt Waldheim sowie eine geschriebene Nachricht von US-Präsident Jimmy Carter gespeichert.

Wilfried Matzke, Leiter des Augsburger Geodatenamts, erklärt die gotische halbe 8 (= 4) in der Augsburger Fuggerei.

03

Hausnummern

Ordnung muss sein!

„Ich wohne in der Musterstraße 9." Heute ist die Angabe von Straße und Hausnummer bei einer Verabredung zu einem Termin oder einem Treffen ganz selbstverständlich. Kaum vorstellbar, ins „Haus zum Löwen" oder in „Hanns Haus bey den Gärten" gebeten zu werden – außer, es handelt sich um eine Wirtschaft: Da würde man sich zumindest bei einer solchen Ortsbezeichnung nicht wundern. Bevor es durchgehende Hausnummern gab, waren solche Hausbezeichnungen aber gang und gäbe. In vielen Städten sind die alten Hausnamen auch immer noch an den Fassaden zu sehen. Und als sie durch Hausnummern ersetzt wurden, gab es zunächst noch keine Unterteilung in Straßen, die Häuser wurden einfach durchnummeriert, was teilweise zu sehr hohen Zahlen führte. Mancherorts entdeckt man noch alte Hausnummern: Im rund angelegten Villingen im Schwarzwald zum Beispiel, wo die Häuser einfach im Kreis durchnummeriert wurden. Und in Augsburg gibt es etwas ganz Besonderes: Die Fuggerei ist nicht nur die älteste Sozialsiedlung der Welt, sondern kann auch die wohl weltweit älteste noch gültige Hausnummerierung vorweisen. Wilfried Matzke, Leiter des Augsburger Geodatenamts, ist von Hausnummern fasziniert, nicht zuletzt, weil sein städtisches Amt die Hoheit über die Hausnummern innehat und dafür zuständig ist, selbige zu vergeben. „Sie scheinen keine Geschichte zu haben, so selbstverständlich und alltäglich sind sie für uns geworden", sagt er. Aber gerade Augsburg könne diesbezüglich eine außergewöhnliche Historie vorweisen – eben weil es hier seit 1519 die ältesten Hausnummern gibt.

„Der Durchbruch bei der Hausnummerierung passierte 1750, als alle Häuser von Madrid eine fortlaufende Nummer erhielten", erzählt der Leitende Vermessungsdirektor. Zunächst geschah diese Nummerierung wie in Madrid mit der sogenannten Konskriptionsnummer, was bedeutet, dass die Häuser durchnummeriert wurden. Doch mit dem Wachstum der Städte in alle Richtungen wurde dieses System schnell unübersichtlich und man ging dazu über, die Dörfer und Städte in Straßen, teilweise auch in Litera-Bezirke (z.B. A-D) aufzuteilen und innerhalb der Straßen zu nummerieren. Diese Form der Nummerierung hatte aber nicht überall die gleiche Struktur: 1805 in Paris eingeführt, gab es einerseits die Form der Nummerierung, in

Bei den Hausnummern in der Augsburger Fuggerei handelt es sich um die wohl älteste noch gültige Adressierung.

der sich auf der rechten Straßenseite die geraden und auf der linken Seite die ungeraden Nummern befinden. In den ehemals preußischen Städten findet sich heute noch die „Hufeisennummerierung". Wie es der Name schon sagt, wird im Halbkreis nummeriert: Beginnend mit dem ersten Haus auf der rechten Seite bis zum letzten Haus, und dann setzt sich die Nummerierung auf der linken Seite fort. Am Anfang der Straße liegen sich damit die höchste und die niedrigste Zahl gegenüber. Am Kurfürstendamm in Berlin kann man eine solche Hufeisennummerierung sehen.

„Die stadtweiten Nummerierungen führte man allerdings nicht ein, um den Menschen die Orientierung zu erleichtern", stellt Matzke klar. „Vielmehr sollte der staatliche Zugriff auf die Bewohner verbessert werden, insbesondere für Steuereintreiber, Polizei und Rekrutierungsdienste." Er zitiert: „Die Hausnummern müssen Bettler bekämpfen, sowie liederliche und gefährliche Leute ausfindig machen." Sonderlich gut angekommen seien die Hausnummern bei den Bürgern, die sich dadurch kontrolliert und ihrer Freiheit beraubt fühlten, aber nicht: „Man hat sie immer wieder beschmiert, zerkratzt oder entfernt."

Das Nummerierungssystem in der Stadt Augsburg hat im Verlauf der Jahrhunderte gewechselt. Und wieder wurde der Fuggerei eine Sonderstellung zugestanden: „Die ursprünglich internen Adressen ‚Fuggerei 1 bis 52' von 1519 blieben in der mit Mauern abgeschlossenen Sozialsiedlung trotz amtlicher Gassennamen bestehen", sagt Matzke. Manche Dinge ändern sich eben nie. Und das ist auch gut so.

Eva-Maria Bast

Kurioses und Besonderes

Wenn neben oder hinter einer Bebauung neue Häuser errichtet werden, erhalten die neuen Gebäude in manchen Gegenden Bruchteilnummern oder Buchstaben zur Hausnummer dazu. So wird die Nummerierung nicht durcheinandergebracht. In der Augsburger Schertlinstraße gibt es diese Besonderheit: Auf einem ehemaligen Fabrikgelände mit der Nummer 11 entstand ein Wohngebiet, auf dem über 150 Einfamilienhäuser gebaut wurden. Diese versah man mit Bruchteilnummern, das letzte Haus hat die höchste Hausnummer: 11 1/187. Die wohl berühmteste Hausnummer ist die Kölner Nummer 4711, die dort ansässige Firma machte die Hausnummer der napoleonischen Zeit zum Namen ihres Parfums. 4711 ist zu einem Synonym für Kölnisch Wasser geworden.

Claudia Schmidt zeigt Bein: Nylonstrümpfe haben die Touristik-Fachwirtin schon von klein auf fasziniert.

04

Nylonstrümpfe

Verführung pur

Der 15. Mai 1940 ging als „N-Day" oder „Nylon-Day" in die Geschichte ein. Es war der erste offizielle Verkaufstag von in Massenproduktion hergestellten und damit günstigen Nylonstrümpfen in den USA. Wie entfesselt stürmten damals Zehntausende modebewusste Frauen die Kaufhäuser. Das Objekt ihrer Begierde gab es zwar schon einige Jahre – allerdings zu unerschwinglichen Preisen. Die bis dahin zum Verkauf stehenden zarten Strümpfe konnten sich höchstens Hollywood-Diven leisten.

„An jenem Mittwoch im Mai kam es zu tumultartigen Szenen unter den Frauen. Binnen kürzester Zeit waren alle Bestände restlos ausverkauft", berichtet Claudia Schmidt. Schon als Kind war die Touristik-Fachwirtin ganz fasziniert von der Strumpftasche ihrer Mutter, in deren diversen Fächern hauchdünne Nylonstrümpfe lagen. „Ich habe sie mir oft angeschaut und berührt. Dabei war ich immer sehr vorsichtig, da mir bewusst war, wie leicht sie Laufmaschen zogen."

> *„An jenem Mittwoch im Mai kam es zu tumultartigen Szenen unter den Frauen."*

Es war der Balanceakt, der die Frauen schon damals so faszinierte: Einerseits haftete den hauchdünnen Strümpfen, die mit einem Hüfthalter – umgangssprachlich Strapse genannt – am Bein gehalten wurden, etwas Anrüchiges an, andererseits standen sie für Glanz und Glamour. „Mit Nylons verbinde ich die 1950er Jahre – Marilyn Monroe, Marlene Dietrich", schwelgt Claudia Schmidt in Erinnerungen. „Letztere saß im Film *Der blaue Engel* als Tingeltangel-Sängerin Lola auf der Bühne eines Nachtclubs, einen Zylinder schief auf dem Kopf und die Beine in schwarzen Nylons übereinandergeschlagen. Das Bild schrieb Filmgeschichte."

Die Entwicklung einer zähen Masse mit dem unaussprechlichen Namen Polyhexamethylenadipinamid stieß der US-Amerikaner Wallace Hume Carothers (1896-1937) an. Bereits in den 1930er-Jahren schuf der Forschungsleiter des Chemiekonzerns DuPont, ansässig in Wilmington, North Carolina, aus Kohlenstoff, Luft und Wasser einen seidig schimmernden Stoff, der Frauen und Männer gleichermaßen verzückte. Die vollsynthetische Faser war wesentlich feiner als herkömmliche Textilfasern, hatte aber dennoch eine höhere Reißfestigkeit.

„Bis dahin wurden Strümpfe aus teuren und empfindlichen Stoffen wie Seide oder Kunstseide hergestellt", berichtet Claudia Schmidt. „Die ersten Nylonstrümpfe gab es nur mit Naht. Das lag an der Herstellung – damals hatte man noch keine Maschinen, die nahtlose Strümpfe produzieren konnten." Der Touristik-Fachwirtin gefällt die Naht echter Nylons ganz besonders: „Sie ließ Frauenbeine schlanker und länger erscheinen."

Neben der Naht hatten Nylonstrümpfe auch ein Abschlussloch im Doppelrand, das beim Zusammennähen entstand. Hier wurden die Strumpfhalter der Mieder befestigt. „Es gab aber auch die halterlose Variante mit erotischem Strumpfband", erzählt Claudia Schmidt.

Ebenfalls in den 1930er-Jahren entwickelte der deutsche Chemiker Paul Theodor Schlack (1897-1987) die Kunstfaser Perlon. Beide – sowohl Carothers als auch Schlack – machten sich bei ihren Erfindungen die Erkenntnisse des späteren Chemie-Nobelpreisträgers Hermann Staudinger (1881-1965) zunutze. Er hatte in den 1920er-Jahren entdeckt, dass Kunststoffe Makromoleküle sind, die aus kleinen Bausteinen zusammengesetzt werden.

Im Sommer 1938 reisten einige DuPont-Direktoren nach Berlin, um das neue Produkt Nylon vorzustellen und Lizenzverhandlungen zu führen. „Die Amerikaner staunten nicht schlecht, als sie die hochwertigen Perlonfäden in Händen hielten", sagt die Touristik-Fachwirtin. Schlack und Carothers setzten sich an einen Tisch, tauschten ihre Formeln aus und teilten den riesigen Absatzmarkt untereinander auf.

„Doch dem Deutschen sollte der Zweite Weltkrieg in die Quere kommen", berichtet Claudia Schmidt weiter. „Hitlers Kriegsindustrie verleibte sich das neue, funktionale Material ein, um daraus Fallschirme und Flugzeugreifen herzustellen. Der Chemiekonzern I.G. Farben in Frankfurt am Main, bei dem Paul Schlack angestellt war, wurde von den Siegermächten wegen der Verstrickungen des Unternehmens mit dem NS-Regime zerschlagen, sodass zunächst an eine Fortsetzung der Perlon-Herstellung nicht zu denken war. Erst vier Jahre nach Kriegsende ging man wieder in Produktion."

„Bis dahin wurden Strümpfe aus teuren und empfindlichen Stoffen wie Seide oder Kunstseide hergestellt."

Unterdessen waren Nylonstrümpfe in der Besatzungszeit dafür heiß begehrt: Auf dem Schwarzmarkt wurden sie wie Zigaretten und Schokolade zur Zweitwährung. Doch während das hauchdünne Etwas jenseits des Atlantiks schon längst Massenware war, wurde es hierzulande noch teuer gehandelt. In den Westzonen erzielte ein Paar Nylonstrümpfe bis zu 200 Reichsmark, was zum Beispiel dem Monatslohn einer Stenotypistin entsprach. Da konnte eine Laufmasche schnell zum Drama werden, denn bei solchen Preisen war es kaum vorstellbar, die Nylon-strümpfe einfach zu entsorgen. Folglich gab es Laufmaschendienste, die den teuren Luxusartikel wieder reparierten.

Mitte der 1960er-Jahre beendete der Minirock schließlich die Ära der vielbegehrten Strümpfe: Er war schlichtweg zu kurz. Strümpfe und Strumpfhalter wären allen Blicken freigegeben gewesen. Und so stiegen die meisten Frauen auf Strumpfhosen um, deren Herstellung dank der ebenfalls gerade erfundenen Rundstrickmaschinen möglich war.

Manuela Klaas

Unkonventionelle Ersatzteile

Was ist dran an dem Mythos, dass eine Strumpfhose als Notfall-Ersatz für einen gerissenen Keilriemen herhalten kann? Die Idee ist simpel und effektiv, praktikabel allerdings nur in älteren Kraftfahrzeugen. In neueren Modellen sind keine Keilriemen, sondern Zahnriemen verbaut. Diese versorgen wesentlich größere elektrische Verbraucher als früher und sind zudem nicht mehr frei zugänglich. Die Strumpfhose kann man also getrost selbst tragen.

Das Schlangestehen hat sich gelohnt: Wilfried Weber steckt seine EC-Karte in den Schlitz eines Geldautomaten am Kölner Heumarkt.

05

Geldautomat

Banknoten statt Schokolade

Noch eben schnell zur Bank und Bares fürs Wochenende abheben: Was heute kein Problem ist – schließlich gibt es Geldautomaten, die rund um die Uhr zugänglich sind – sah Mitte des vergangenen Jahrhunderts noch ganz anders aus. Die flächendeckende Versorgung mit Bargeld gab es zu jener Zeit noch nicht. Da musste man sich genau an die Öffnungszeiten der Bankfilialen halten.

„Diese Erfahrung machte auch der Schotte John Shepherd-Barron", erzählt Wilfried Weber, während er geduldig in der Schlange vor einem Geldautomaten in der Kölner Innenstadt wartet. Den gelernten Banker begeistert seit jeher die ausgeklügelte Technik, die in einem solchen Gerät steckt, und so hat er sich näher mit der Erfindung des Geldautomaten beschäftigt. „Shepherd-Barron wollte an einem Samstagmittag im Frühjahr 1965 noch schnell einen Scheck gegen etwas Bargeld bei seiner Londoner Bank einlösen. Doch er kam um gerade einmal eine Minute zu spät", berichtet Wilfried Weber. „Die Bank hatte bereits geschlossen. John Shepherd-Barron ging unverrichteter Dinge nach Hause. Mit Muße und ein wenig Abstand überlegte er sich abends in der Wanne, dass es doch möglich sein müsste, einen ähnlichen Automaten zu konzipieren, wie es ihn damals in der Metropole an der Themse bereits massenhaft für Kaugummis und Schokolade gab. Nur dass anstelle von Süßigkeiten Geld herauskäme."

Die Londoner Süßigkeitenautomaten inspirierten John Shepherd-Barron zur Erfindung des Geldautomaten.

Dass der Schotte zudem Direktor des Londoner Banknotenproduzenten „De La Rue Instruments" war, traf sich in diesem Zusammenhang gut. Gemeinsam mit einigen Mitarbeitern des Unternehmens entwickelte Shepherd (1925-2010) über einen Zeitraum von zwei Jahren einen Bankautomaten, den er „Automated Teller Machine" (ATM) nannte und in dessen Innern ein Tresor eingebaut war.

„Der erste Geldautomat der Welt ging am 27. Juni 1967 für Barclays Bank im Londoner Norden in Betrieb", fand Wilfried Weber heraus. „Aber so komfortabel wie heute waren die damaligen Automaten noch nicht." Statt der heutigen Bankkarte mussten die Kunden Ende der

1960er-Jahre einen Scheck einführen. Dieser war mit einem schwach radioaktiven Kohlenstoff beschichtet, um Daten speichern zu können. Der Automat prüfte den Überweisungsträger und gab den Gegenwert in Bargeld aus – allerdings höchstens zehn britische Pfund. Bereits damals musste man sich mit einer vierstelligen PIN-Nummer identifizieren.

„Eigentlich hatte Shepherd eine sechsstellige Identifikationsnummer vorgesehen", erzählt Wilfried Weber, „aber seine Frau Caroline konnte sich nur vier Stellen merken, wie der Schotte einst augenzwinkernd in einem Interview verriet. Und so überzeugte sie ihren Mann von einer kürzeren PIN."

Am 28. Mai 1968 stellte die Tübinger Kreissparkasse den ersten Geldausgabeautomaten in Deutschland auf. Nur ein begrenzter Kreis von 1.000 registrierten Kunden konnte an dem Gerät, das einem Tresor ähnelte, Geld abheben. Allerdings nicht mehr als 400 D-Mark „Wer Geld abbuchen wollte, musste am Schalter eine Plastikkarte, einen Tresorschlüssel und Lochkarten holen", berichtet der Kölner. „Für jede eingeschobene Lochkarte spuckte der Automat einen 100 D-Mark-Schein aus."

Um das Prinzip zu vereinfachen, entwickelte die Computerfirma Nixdorf aus Paderborn einen eigenen Automaten. Dieser wurde am 12. Dezember 1978 in der Hauptstelle der Kreissparkasse Köln am Neumarkt installiert, was wiederum dazu führte, dass man sein Geld abermals nur während der Schalteröffnungszeiten abheben konnten. Das Problem hatte doch schon John Shepherd-Barron 13 Jahre zuvor gehabt! Daher erschloss sich die Nutzung den

„Der erste Geldautomat der Welt ging am 27. Juni 1967 für Barclays Bank im Londoner Norden in Betrieb."

Kunden nur recht zögerlich. Zumal auch die Mitarbeiter der Banken nicht so recht an das neue Gerät glaubten: hatten doch die meisten Menschen gerade in Geldangelegenheiten Vertrauen in den Kassierer und nicht in eine Maschine. Noch 1981 gab es deutschlandweit nicht mehr als 22 Geldausgabeautomaten, die auch institutsfremden Kunden zugänglich waren. Als die Automaten kurze Zeit später im Foyer und den Außenbereichen der Banken installiert wurden, kam der langersehnte Durchbruch. Auch die Einführung und Verbreitung des kodierbaren Magnetstreifens auf EC-Karten im Jahr 1980 forcierte den Siegeszug des Geldautomaten in Westdeutschland.

„Die EC-Karte war bei den Kreditinstituten einheitlich, verfügte über eine persönliche Identitätsnummer und sicherte den Zugang zu allen deutschen Geldautomaten", erläutert Wilfried Weber. „Den Chip auf der Karte gibt es erst seit 1996. Eingeführt wurde er, um Transaktionen auch offline zu ermöglichen und damit die Verbindungskosten zu senken." Heute ist der Magnetstreifen ein Auslaufmodell, weil die darauf gespeicherten Daten von Betrügern zu einfach kopiert werden können.

Wilfried Weber am Kölner Bankomat hat sein Geld nach kurzem Warten bekommen. Anders als damals John Shepherd-Barron kann er beruhigt ins Wochenende starten.

Manuela Klaas

....

Wie kommt das Geld zum Kunden?

Geldautomaten sind High-Tech-Safes, hinter denen ein komplexes Netz aus Technikprozessen und Manpower steht: Karte rein, Geheimzahl eingetippt und los geht's! Zunächst wird die Geheimzahl geprüft. Korrekt? Dann geht die Anfrage weiter zum zentralen Rechenzentrum der Banken. Dort wird die Heimatbank identifiziert. Ist genug Geld auf dem Konto, fliegt die Bestätigung zurück durch die Datenleitung und wieder in den Geldautomaten. Dieser spuckt nun die geforderten Scheine aus. Währenddessen verfolgt eine Software den Stand der Auszahlungen an jedem Automaten. Sie plant die optimalen Befüllmengen und -zeitpunkte. Wird es einmal knapp, geht eine Meldung an das zuständige Werttransportunternehmen, dessen Mitarbeiter anrücken und die Geldkassetten im Innern der Automaten wieder füllen.

Hatschi! Marc Müller ist erkältet. Zum Glück hat er ein Taschentuch.

06

Papiertaschentuch

Seidenweich, saugfähig, hygienisch

Hatschi! Marc Müller hat sich im Hamburger Schmuddelwetter ordentlich erkältet und greift zum Taschentuch. Dass dieses aus Papier und nicht aus Stoff gefertigt ist, geht auf Gottlob Krum (1825-1918), Inhaber der gleichnamigen Göppinger Papierfabrik, zurück. Am 14. August 1894 wurde unter der Nummer 81094 das „Taschentuch aus Papier" patentiert, das „nach einmaligem Gebrauch zerstört, verbrannt oder sonst wie unschädlich gemacht" werden sollte.

„Der Papierfabrikant sah die Vorteile seines glyzeringetränkten Taschentuchs vor allem in der Verbesserung der Hygiene und zur Verhinderung der Ausbreitung von Infektionskrankheiten wie der damals noch recht häufigen Tuberkulose", erzählt Marc Müller und dem Hamburger Stadtführer ist anzusehen, dass er Krums Erfindung zu schätzen weiß. „Durch die Imprägnierung mit Glyzerin wurde das dünne Tuch, das mit dem Stoff des damals üblichen Hadernpapiers beschichtet war, weich und geschmeidig." Doch das „Taschentuch aus Papier" entpuppte sich als Ladenhüter. Ob es daran lag, dass man in der damaligen, auf Sparsamkeit bedachten Zeit für einen Wegwerfartikel keinen Sinn hatte?

35 Jahre später schrieb die Marke Tempo eine Erfolgsgeschichte ohnegleichen. Am 29. Januar 1929 meldete der jüdische Unternehmer Oskar Rosenfelder (1878-1956), Mitinhaber der Vereinigten Papierwerke Nürnberg, das erste Papiertaschentuch aus reinem Zellstoff unter dem Namen „Tempo" beim Berliner Reichspatentamt an. Nur Wochen nach Produktionsstart markierte der folgenreichste Börsencrash des 20. Jahrhunderts den Beginn der Weltwirtschaftskrise. Rosenfelder betrieb dennoch entschlossen die Vermarktung seines Produkts. In Zeitungsannoncen warb er mit dem Versprechen: „Seidenweich. Saugfähig. Hygienisch. Kein Waschen mehr."„In einer Zeit, in der es kaum Waschmaschinen gab und Wäschewaschen den aufwändigsten Teil der Hausarbeit ausmachte, kam die handliche Neuigkeit wie gerufen", sagt Marc Müller. „Es war ein Versprechen für weniger Arbeit und mehr Zeit für die Familie."

In den Anfangsjahren wurde jedes einzelne Tuch von Hand geschnitten, sauber gefaltet und verpackt. 1933 lag die Jahresproduktion bei 35 Millionen Päckchen. Den Erfolg konnte Rosenfelder jedoch nicht lange auskosten. Noch im selben Jahr emigrierte er mit seinem Bruder Emil nach England. Trotz einer Firmengründung in Großbritannien gelang es den beiden nicht, ihre Besitz- und Verfügungsrechte dorthin zu übertragen. Die Staatsanwaltschaft Nürnberg eröffnete ein Verfahren wegen Devisenvergehen – eine Aktion der Nationalsozialisten gegen einen erfolgreichen jüdischen Geschäftsmann. Das inländische Vermögen wurde beschlagnahmt und von der Deutschen Bank verwaltet. Der Gründer des Quelle-Versandhauses Gustav Schickedanz (1895-1977), der für die NSDAP im Fürther Stadtrat saß, kaufte 1934 ein Aktienpaket des Unternehmens, das als Sicherheit für einen Kredit hinterlegt worden war. 1935 erwarb Schickedanz die restlichen Anteile der Firma und sicherte sich so die Markenrechte an „Tempo".

Mitte der 1950er-Jahre hatte sich das schwungvolle Logo auf der blau-weißen Packung, dessen Schriftzug 1951 noch ein wenig verändert wurde, bereits ins kollektive Gedächtnis der Verbraucher eingegraben. Bis heute wurde es kaum verändert.

Damals wie heute hat ein „Tempo" strahlend weiß zu sein, der optische Unterschied zwischen dem Produkt und seinem späteren Inhalt ist dem Verbraucher wichtig. Das zweite wesentliche Kriterium ist die Reißfestigkeit: Auf keinen Fall darf in der Hand landen, was ins Tuch gehört. Dies steht jedoch im Konflikt mit einem weiteren Anspruch, den der Verbraucher ans Papiertaschentuch stellt: Es soll weich sein. Nur – je weicher, desto weniger durchschnupfsicher ist es. Und was besonders ärgerlich ist: Landet das Papiertaschentuch versehentlich doch einmal dort, wo es nicht hingehört, nämlich in der Waschmaschine, finden sich unzählige winzige Zellfuseln in der kompletten Maschinenfüllung. Mit diesen Herausforderungen haben die Hersteller im 21. Jahrhundert zu kämpfen.

Heute gehen weltweit rund 20 Milliarden Packungen jährlich über die Ladentische. Anfangs waren 18 Taschentücher in einer Packung, dann 20, gegenwärtig sind es zehn.

Marc Müller schnäuzt sich die Nase. „Der Begriff Tempo hat sich zum Gattungsnamen verselbstständigt", konstatiert der Hamburger. „Wer Tempo sagt, meint nicht zwingend das Taschentuch der gleichnamigen Marke, sondern irgendein Papiertaschentuch."

Manuela Klaas

....

Zur Herstellung

Papiertaschentücher bestehen aus Zellulosefasern von Nadel- und Laubhölzern. Die Mischung der langen und kurzen Fasern wird klein gehäckselt und mit Wasser aufgekocht. Anschließend wird der Zellstoffbrei gepresst und getrocknet, bevor man ihn zu großen Bahnen ausrollt und zuschneidet. Jeweils vier Lagen ergeben ein Taschentuch.

07

Glühbirne

Den Herren ging ein Licht auf!

Beim Betreten des Zimmers den Lichtschalter zu betätigen und kurz darauf in einem taghellen Raum zu stehen – das ist heutzutage so selbstverständlich, dass man eigentlich gar nicht mehr darüber nachdenkt. Mit ein, zwei Ausnahmen: Wenn der Strom ausfällt oder die Glühbirne gewechselt wird, dann verschwenden wir mehr als nur einen flüchtigen Gedanken an Strom, Licht und Glühbirne. Aber das sind dann keine positiven, sondern ausgesprochen negative Gedanken. Wir ärgern uns über die Tatsache, dass das Licht nicht angeht und machen uns an die Lösung des Problems. Wenn wir keines finden, rufen wir einen Elektriker, wie Patrick Gut aus Überlingen am Bodensee einer ist. Sein Auftragsbuch ist immer voll und wenn er zum Glühbirnenwechseln auch eher selten gerufen wird, weil das die meisten Menschen doch noch ganz gut selbst hingekommen, so hat er sich doch intensiv mit der Entstehung derselben beschäftigt. „Die Anfänge der Glühlampe reichen bis in das Jahr 1801 zurück, als Louis Jacques Thénard, ein französischer Chemiker, der unter anderem den von Napoleon Bonaparte gestifteten Galvanischen Preis erhielt und auf dem Eiffelturm verewigt ist, entdeckte, dass man mit Strom Drähte zum Glühen bringen und damit auch zur Lichterzeugung nutzen kann", beginnt er die wechselvolle Geschichte zu erzählen. Die Stromquellen waren zu jener Zeit mehr als nur unzuverlässig und nicht gerade stark. Es war James Bowman Lindsay (1799-1862), der 1835 eine Lampe vorstellte, die ein mehr oder weniger konstantes Licht erzeugen konnte. Das erste Patent meldete Frederick de Moleyns (1861-1923) im Jahr 1841 an: Seine Birne bestand aus Kohlepulver zwischen Platindrähten, die unter einer luftleeren Glasglocke platziert waren. „Diese Erfindung war zwar ein Fortschritt, doch litt sie noch unter großen Problemen, etwa dem unzureichenden Vakuum, dass die Lampe von innen verrußte und nicht sehr lange brannte", sagt Patrick Gut. Auch viele weitere Tüftler waren in diesen

Der Elektriker Patrick Gut hat täglich mit Glühbirnen zu tun.

Jahren eifrig zugange. Darunter William Robert Grove (1811-1896), der eine Glühlampe mit Platinglühfaden in Spiralform vorstellte. Die Spiralform ermöglichte es, einen längeren Faden in der Birne einzubringen, der dadurch mehr Leuchtkraft erzeugte. Und dann gab es da noch einen Deutschen, der schon um 1850 an einer aus Kohlefasern bestehenden Glühlampe tüftelte: Heinrich Göbel (1818-1893), seines

Zeichens Uhrmacher. Göbel versäumte den Gang zum Patentamt jedoch dummerweise, keine gute Idee in einem derart hart umkämpften Markt den nicht nur geniale Erfinder, sondern auch findige Geschäftsleute dominierten. Lange Zeit scheiterten die Konstrukteure an der Herstellung des Vakuums, ohne das der Glühfaden gar zu schnell durchbrannte. Der extrem heiße Draht oxidiert mit dem Sauerstoff in seiner Umgebung und verglüht, aber genau dieses Glühen wird nun mal zur Lichtgewinnung benötigt. Die Lösung ist ein luftleerer Raum: das Vakuum. Dieses herzustellen ist aber äußerst schwierig und so verblieb in den frühen Glühbirnen immer noch ein Rest Sauerstoff, mit dem der Glühfaden reagierte und durchbrannte. Bis zur Erfindung der Vakuumpumpe lag die durchschnittliche Brenndauer einer Glühbirne bei etwa zehn Stunden.

Thomas Edison mit der von ihm erfundenen Glühbirne im Jahr 1918 oder 1919.

Erst 1878 glückte es dem britischen Chemiker, Physiker und Erfinder Joseph Wilson Swan (1828-1914), eine Glühbirne herzustellen, die länger ihren Dienst tat. Damit lag er zwei Jahre vor Thomas Alva Edison (1847-1931), der allgemein als der Erfinder der Glühbirne gilt und dem es, nachdem er lange nach einem geeigneten Glühfaden gesucht hatte und vom Baumwollfaden bis hin zu Bambusfasern vieles ausprobierte, gelang, eine sehr lange einsetzbare Glühbirne in Massenproduktion herzustellen. Swan und Edison waren, man mag es sich denken, erbitterte Konkurrenten und stritten heftigst um Rechte und Patente - bis zu Swans Tod. Und Edison schwamm auf der Erfolgswelle: Nebenbei elektrifizierte er quasi New

York, um genügend Strom für seine Glühbirnen zu haben und ließ zum Beispiel ab 1881 viele 100 Kilometer Kabel in der amerikanischen Großstadt verlegen – was erst der Anfang war.

„Die Glühbirne wurde immer weiterentwickelt und verbessert, sodass sie die Birne von innen nicht schwärzte, auch andere Materialien wurden für die Glühdrähte verwendet", berichtet der junge Elektriker Gut, der froh ist, dass er mit den modernen Varianten zu tun hat und nicht mit ihren abenteuerlichen Vorgängern. „Die Glühbirnen, wie wir sie heute kennen, gehen also auf Swan und Edison zurück", fasst Patrick Gut zusammen. Ihnen ging buchstäblich ein Licht auf.

„Diese Erfindung war zwar ein Fortschritt, doch litt sie noch unter großen Problemen, etwa dem unzureichenden Vakuum, sodass die Lampe von innen verrußte und nicht sehr lange brannte."

Eva-Maria Bast

Die Erfindung der Energiesparlampe

Seit noch nicht allzu langer Zeit stellt die Energiesparlampe die herkömmliche Glühbirne wortwörtlich in den Schatten. Doch bis energiesparendes Licht am Ende des Tunnels stand, brauchte es nicht nur Zeit. Viele Schritte waren nötig, von denen der Glasbläser Heinrich Geißler (1814-1879) wohl den ersten tat. Bei der Geißlerschen Röhre, dem Vorreiter unserer heutigen Energiesparlampe, wurde das Vakuum im Röhreninneren mit Gas befüllt, welches die durch eingeschmolzene Elektroden erzeugte Spannung zum Leuchten brachte. Weiter durch den Tunnel des Erfolgs schritt der deutsche Erfinder Edmund Gemer (1901-1978) mit der Idee, den Druck innerhalb der Glasröhren zu erhöhen. Ein speziell auf die Lampen aufgetragener Leuchtstoff wirkte einem zu hohen UV-Austritt entgegen. Ins richtige Licht gerückt wurde die Energiesparlampe neben ihrer Kompaktheit außerdem 1980 durch integrierte Vorschaltgeräte sowie eine Silikonhülle als Schutz vor dem Austreten giftiger Gase im Jahr 2002.

08

Bleistift

Die Mischung macht's!

Die Geschichte ist hübsch: In der englischen Grafschaft Cumberland tobt ein furchtbarer Sturm. Derart heftig sind die Böen, dass eine riesige Eiche umkippt. So tragisch das Ereignis auch sein mag: für die Menschheit ist es eine Sternstunde, denn der Menschheit bringt es den Bleistift: Am Wurzelwerk der Eiche befinden sich Spuren eines schwarzglänzenden Minerals, das später den Namen Graphit bekommen wird. Die Schäfer dieser Region bemerken schnell, dass dieses Mineral schreibt und nutzen es, um ihre Schafe zu markieren. So schön diese Geschichte zur Erfindung des Bleistifts – oder besser: zur Entdeckung des Graphits – auch ist: Sie ist leider nicht belegt. Sicher ist allerdings, dass der hochwertige Graphit im 16. Jahrhundert im englischen Cumberland gefunden, in Stäbchen geschnitten und in Fassungen eingebracht wurde. „Das war die Urform des Bleistifts", sagt Dr. Renate Hilsenbeck, Archivarin der Firma Faber-Castell und als solche ein wandelndes Lexikon zu allem, was mit dem Bleistift und seiner Geschichte zu tun hat. Und die Engländer wussten sehr wohl, was sie da für einen Schatz hatten: „Man durfte nur den fertigen Bleistift nach Europa liefern, keinesfalls Graphit." Dem Rest der Welt gefiel der Bleistift aber ausnehmend gut, und der Wunsch, die Stifte selbst auch herzustellen, entstand. Wirklich gutes und reines Graphit wie in England fand sich aber nirgends. „Es gab viele Verfahren in der Herstellung des Bleistifts. Man hat den Graphit zerstoßen und mit Bindemitteln vermischt, zum Beispiel mit Gummi arabicum, Leim oder Schwefel, anschließend wurde die Masse zusammengepresst, in Bleikuchen gebacken und dann geschnitten", beschreibt Renate Hilsenbeck den Vorgang.

Nun kommt der Franzose Nicolas-Jacques Conté (1755-1805) ins Spiel, der im Jahr 1795 entdeckte, wie sich unreiner Graphit pulverisieren und durch die Beimischung von Ton zum perfekten Schreibgerät verwandeln lässt. Später fand er dann heraus, dass sich so auch

Dr. Renate Hilsenbeck und Sandra Suppa (v.li.) kennen die Geschichte des Bleistifts von Berufs wegen ganz genau.

unterschiedliche Härtegrade der Minen erreichen lassen. „Dieses Verfahren hat Lothar von Faber als junger Mann in Frankreich kennengelernt und weiterentwickelt", erzählt Sandra Suppa, Leiterin der Unternehmenskommunikation bei Faber-Castell. „Er war sehr weltoffen, reiste viel und hat die Marke A.W. Faber international bekannt gemacht." Diese Möglichkeit, Bleistifte mit verschiedenen Härtegraden herzustellen, habe die Produktion entscheidend verbessert, aber auch die Anwendungsmöglichkeiten vervielfältigt. „Lothar von Faber war einer der Ersten, die das Verfahren hier eingeführt haben. Und bei allem war es ihm wichtig, auf Qualität zu achten." Guten Graphit bekam er durch einen entsprechenden Hinweis aus Sibirien. Neben der Mine selbst war die Ummantelung von Bedeutung: „Es ist gar nicht so einfach, das richtige Holz für den Bleistift zu finden", sagt Renate Hilsenbeck. In Amerika ließ er einen Zedernwald bewirtschaften und bezog von dort sein Holz. „Das muss man sich mal vorstellen, zur damaligen Zeit!", sagt die Archivleiterin. „Es gab weder Telefon noch Flugzeug. Die Mitarbeiter waren Monate und Jahre unterwegs, um diese Grafitbrocken in Sibirien abzubauen und hierher zu transportieren. Das zeugt schon von einem unglaublichen Willen, alles zu tun um ein perfektes Produkt zu bekommen." Einen Zedernwald in Florida zu erwerben wurde notwendig, weil es, wie Sandra Suppa erklärt, „nur eine Handvoll Hölzer gibt, die sich für die Bleistiftherstellung eignen." Die beste Wahl war damals die Zeder, die allerdings nur noch für sehr hochwertige Stifte verwendet wird, weil sie sich aufgrund ihres langsamen Wuchses nicht in großem Stil

Lothar von Faber-Castell legte bei seinen Bleistiften nicht nur Wert auf Qualität, sondern auch auf eine edle Optik.

forsten lässt. Heute sind die Hölzer bei Faber-Castell alle zertifiziert und der Anbau muss nachhaltig sein. „Daher sind wir längst auch auf andere Hölzer wie zum Beispiel Kiefer umgestiegen, die wir selbst nach FSC-Standard nachhaltig aufforsten", erklärt Sandra Suppa. Lothar von Faber (1817-1896) versuchte zwar auch, Zedern in Nürnberg anzusiedeln, ganz in der Nähe der heutigen Fabrik, aber die Klimabedingungen seien einfach zu schlecht gewesen. „Das Zedernwäldchen existiert heute nicht mehr, nur noch eine Gastwirtschaft mit diesem Namen ist geblieben", schildert Sandra Suppa das Ende des kleinen Nürnberger Zedernwäldchens.

Wenn Lothar von Faber die Bleistiftherstellung auch dank des Einsatzes der Dampfmaschine und der Anwendung des Conté-Verfahrens industrialisiert hat: Hergestellt wurde selbiger bei Faber in Handarbeit schon länger. „Der Bleistift war der Ursprung der Firmengründung", verdeutlicht Renate Hilsenbeck. Es war Lothars Urgroßvater Kaspar Faber (1730-1784), der die Firma 1761 als Werkstatt gründete. „Er hat eine Frau geheiratet, die aus einer Kunstschreinerfamilie kam und

„Er schreibt selbst unter Wasser. Ist das nicht fantastisch?"

bereits Erfahrung in der Bleistiftherstellung hatte." Vermutlich kam auf diese Weise erstmals ein Faber mit der Kunst des Bleistiftmachens in Berührung. „Damals gab es zwei Berufe in der Bleistiftherstellung: die Schreiner und die Bleiweißschneider. Die Bleiweißschneider hatten nichts anderes zu tun, als den Grafit zuzuschneiden. Die Schreiner kümmerten sich um die Ummantelung. Erst später wurde das Bleistiftmacherhandwerk als eigenes Gewerbe anerkannt", schildert Renate Hilsenbeck. Kaspar Faber arbeitete zunächst im Dienst anderer Bleistiftmacher, abends, nach Feierabend, stellte er zu Hause selbst Stifte her und verkaufte sie. Später machte Kaspar Faber sich in Stein, vor den Toren Nürnbergs, selbstständig, denn: „In Nürnberg gab es damals so viele Bleistiftmacher, dass die Stadt keine Gewerbeanmeldung mehr zuließ", sagt Sandra Suppa. „Warum sich ausgerechnet hier so viele Bleistifthersteller angesiedelt haben, wissen wir bis heute nicht." Jedenfalls war es Kaspar Faber ganz recht, nicht der Handwerkeraufsicht Nürnbergs zu unterliegen. Der Bleistift war also für die Gründung der Firma verantwortlich und drei Generationen später machte Lothar von Faber den Bleistift salonfähig. Denn er legte Wert auf Qualität und schönes Design und prägte als erster seiner Branche den Markengedanken, indem er den Firmennamen als Gütesiegel auf die Produkte aufbringen ließ. Mit der Zeit wurden die ursprünglich vom Schneiden eckigen Mienen rund – man presste sie wie Spaghetti durch eine Maschine. Angeblich soll Lothar von Faber auch den sechseckigen Bleistift erfunden haben, weil es ihn störte, dass die Stifte immer vom Tisch rollten. Sein Zitat „Im Jahre 1842 faßte ich die Idee die 6eckigen Polygrades herzustellen", könnte dies belegen.

Wie auch immer: Der Bleistift ist nach wie vor ein ausgesprochen beliebtes Schreibutensil. Für Sandra Suppa hat er auch nach vielen Jahren in einem Unternehmen, in dem es die Stifte im Überfluss gibt, nichts an Faszination verloren. „Er schreibt selbst unter Wasser", begeistert sie sich. „Ist das nicht fantastisch?"

Eva-Maria Bast

Warum heißt der Bleistift eigentlich Bleistift ...

... wenn die Miene doch aus Graphit besteht? Schon vor rund 5000 Jahren sollen die Ägypter sich Schreibgeräte aus Papyrusrohr, Schilfrohr oder Bambusrohr hergestellt haben, die sie mit flüssigem Blei ausgossen. Teilweise wurden in der Antike auch Bleigriffel und im Mittelalter Griffel aus Blei-Legierungen verwendet. Vielleicht war das der Grund, dass man bei den ersten Graphit-Funden glaubte, Bleierz entdeckt zu haben. Erst später gelang es der Wissenschaft, nachzuweisen, dass es sich um hundert-prozentigen Kohlenstoff handelte: Man gab dem Material dann den Namen „Graphit" (vom griechischen „graphein" = schreiben). Allerdings hatte sich im Volksmund der Name „Bleistift" schon festgesetzt und somit konnte sich der Graphitstift – zumindest namentlich – nicht mehr durchsetzen.

Christopher Weidner liebt hauchzartes Porzellan – und findet die Geschichte seiner Entstehung faszinierend.

09

Porzellan

Harte Arbeit für zartes Geschirr

W as für ein Genuss es doch ist, feinen Tee aus einer hauchdünnen Porzellantasse zu trinken! Aber wer, der sich diesem Luxus hingibt, könnte ahnen, dass das Porzellan – zumindest das deutsche (das chinesische gab es schon länger) – von einem Mann quasi in Gefangenschaft ersonnen wurde, der eigentlich den Auftrag hatte, Gold herzustellen? Der Münchner

Christopher Weidner hat sich mit der Geschichte befasst und kann sie in allen Details erzählen. Im Mittelpunkt steht ein Mann namens Johann Friedrich Böttger (1682-1719), ein in Thüringen geborener Apothekerlehrling, der gerne ein bisschen mit chemischen Substanzen experimentiert und seine Experimente auch öffentlich vorführt. „Er war schon ein kleiner Aufschneider", kommentiert Christopher Weidner. Eines Tages habe er es dann durch einen Trick geschafft, aus Silber durch die Zugabe verschiedener Substanzen ein goldfarbenes Metall zu zaubern. „Das wurde ihm zum Verhängnis", weiß der Stadtführer aus der bayerischen Hauptstadt. Die Nachricht, dass da jemand ist, der aus Silber Gold machen kann, verbreitet sich in Windeseile und gelangt zu König Friedrich I. (1657-1713). „Er schickte sofort seine Schergen los, um Böttger zu sich bringen zu lassen", erzählt Weidner. „Böttger bekam es natürlich mit der Angst, denn er wusste, dass es üblich war, dass die Könige ihre Wissenschaftler gefangen nahmen und sie zwangen, Gold herzustellen. Wem es nicht gelang, der landete sofort am Galgen. Böttger glückte aber die Flucht." Der König habe ihm zwar nachgestellt, aber der Flüchtende kommt sicher über die sächsische Landesgrenze und ist damit Friedrichs Zugriff entzogen. Doch hier wartet schon die nächste Gefahr – in Gestalt von August dem Starken, Kurfürst von Sachsen (1670-1733). Der gerade einmal 19-jährige Böttger wird festgesetzt und zum Goldmachen gezwungen.

Porzellan ist heute noch ein begehrtes Luxusgut.

Für August den Starken arbeitet zu dieser Zeit auch Hofphysikus Ehrenfried Walther von Tschirnhaus (1651-1708), der beauftragt ist, zur Herstellung von Porzellan zu forschen. Selbiges gibt es bis dahin nur in China und August sammelt es leidenschaftlich. Leider ist chinesisches Porzellan sehr teuer. „Niemand wusste, wie man dieses zarte, filigrane Material herstellen konnte", erklärt Weidner. August der Starke hat natürlich großes Interesse daran, es selbst zu fabrizieren.

Tschirnhaus, der Philosoph und Wissenschaftler, reist viel umher: Er hat sich auf die Fahnen geschrieben, das Geheimnis des chinesischen Porzellans für seinen Fürsten zu entdecken. „Und während seiner Abwesenheit wurde Böttger festgesetzt. Als er zurückkam, fand er in seinem Labor Böttger vor. Statt Porzellan sollte nun Gold gemacht werden", erzählt Christopher Weidner die Geschichte weiter. „Interessanterweise war Tschirnhaus zwar erst einmal sauer, dass sein Labor nun besetzt war, aber dann verstanden sich Böttcher und Tschirnhaus sofort. Und nun kommt noch ein dritter Mann ins Spiel: Der

> *„Als Fußnote der Geschichte: Heute kaufen die Chinesen lieber Meißner Porzellan als ihr eigens, weil sie es einfach höherwertiger und schöner finden."*

Metallurg Pabst von Ohain, der große Kenntnisse über Bodenschätze hatte", erzählt Weidner, der sich viel mit dem Thema Forschung und Alchemie befasst hat. „Zu dritt versuchten sie, in der Goldmacherei weiterzukommen." Und sie stellen gemeinsam fest, dass es nicht funktioniert. Im Zuge des Großen Nordischen Kriegs (1700-1721) werden die Forscher nach Meißen auf die Albrechtsburg gebracht und arbeiten dort an insgesamt 24 Öfen tagein, tagaus, während die Schweden in Sachsen einmarschieren. Schließlich lässt sich der König überzeugen, sich doch wieder der Erforschung des Porzellans zuzuwenden. „1707 entstand in diesem Labor in Meißen das erste Porzellan vor den Augen des Königs", sagt Weidner und beschreibt die Szene ganz genau: „Böttcher holte aus dem Brennofen ein Gefäß heraus, tauchte es in Wasser, es zischte und knackte und dann zog er ein Stück Porzellan aus dem Wasser. Bis zum heutigen Tag weiß man nicht, ob er vorsichtshalber zuvor eine heile Schale im Wasser deponiert hatte." Das Trio bekommt ein neues Labor in Dresden, um es weiter zu perfektionieren. „1708 starb Tschirnhaus an der roten Ruhr und geriet damit in Vergessenheit", sagt Christopher Weidner. „Und Böttger legte dann einen nicht allzu feinen Zug an den Tag: In einem Memorandum vom 28. März 1709 gab er sich selbst als alleinigen Erfinder aus. Obwohl Tschirnhaus und Ohain ja ebenso großen Anteil daran hatten."

Wenn er sich dadurch auch im Ruhm sonnen kann: Was ist das schon gegen den Glanz der Freiheit? Die soll er nie mehr erlangen. „Er blieb in Gefangenschaft, denn der Kurfürst wollte natürlich, dass das Geheimnis des Porzellans geheim blieb und deshalb sorgte er dafür, dass die, die das Geheimnis kannten, keine Chance mehr hatten, woanders hinzukommen", sagt Weidner. Dennoch sei es nicht ausgeblieben, dass das Rezept durchsickert und das Monopol konnte nicht lang gehalten werden. „Als Fußnote: Heute kaufen die Chinesen lieber Meißner Porzellan, als ihr eigens, weil sie es einfach hochwertiger und schöner finden", sagt Christopher Weidner. „So hat sich die Geschichte verkehrt."

Eva-Maria Bast

Chinesisches Porzellan

Schon im 1. Jahrhundert ist das „weiße Gold" in China bekannt: Es wird unter der Sui- und der Tang-Dynastie zum ersten Mal hergestellt. Die Rezeptur hielten die Chinesen allerdings streng geheim. Marco Polo (ca. 1254-1324) ist es zu verdanken, dass das Porzellan in Europa bekannt wurde.

Meike (links) und Nele Schulte-Uebbing halten die Rolltreppe für eine großartige Erfindung. Bei ihren Shopping-Touren möchten sie nicht auf das bequeme Transportmittel verzichten.

10

Rolltreppe
Rechts stehen, links gehen

Wer rechts nicht steht und links nicht geht, sorgt für Unmut bei seinen Mitmenschen – jedenfalls, wenn es um das Benutzen von Rolltreppen geht. Denn in vielen Ländern der Welt gibt es dafür eine Etikette. Allerdings nicht überall, und mancherorts nicht mehr. Im chinesischen Nanjing zum Beispiel wurde die Regel aufgehoben, da sich die Stufen rechts und links zu unterschiedlich abnutzten.

Als der Amerikaner Nathan Ames (1826-1865) am 9. August 1859 beim Patentamt von Massachusetts vorsprach, zeigte der Harvard-Absolvent die Skizze eines gleichschenkligen Dreiecks, in dessen Winkeln jeweils eine Walze sowie viele weitere Dreiecke an der Außenseite der Konstruktion eingezeichnet waren. Ames wollte seine damalige Erfindung, ein endloses Band, an dem Stufen befestigt waren und die er „Revolving Stairs" – „umlaufende Treppen" – nannte, schützen lassen.

„Es ist schon eine geniale Erfindung, die Menschen kontinuierlich und ohne Verzögerung transportiert."

Die Zeichnung, die er unter dem Arm geklemmt hielt, war der Entwurf der ersten Rolltreppe überhaupt. Doch Nathan Ames war seiner Zeit weit voraus: Er präsentierte die Version eines Massentransportmittels, als es noch keine Massen zu transportieren gab – zumindest nicht himmelwärts. Große Kaufhäuser kannte man Mitte des 19. Jahrhunderts noch nicht. Ames' Pläne wurden nie verwirklicht, sie verschwanden in der Schublade.

Knapp 34 Jahre später, am 16. Januar 1893, nahm Jesse Wilford Reno (1861-1947), ein Eisenbahn-Ingenieur aus Kansas, in der New Yorker Cortlandt Station ein schräges Förderband mit Holzplanken, das in etwa Ames' umlaufenden Treppen entsprach, in Betrieb. Zuvor hatte Reno sich seine „elektrische Treppe mit Motorantrieb" patentieren lassen. Die Anregung hierzu holte er sich bei frühen Formen des Fabrikfließbandes. Viele Amerikaner reagierten auf seine Erfindung zunächst ablehnend: Sie sahen darin eine Maschine, die Menschen wie Kartons oder gar Vieh transportierte. Doch Jesse W. Reno ließ sich durch die Kritik nicht entmutigen und entwickelte seine Erfindung weiter.

Zwei Jahre später startete er einen neuen Versuch, die Menschheit für seinen schrägen Aufzug, den „Inclined Elevator", wie er den Vorgänger unserer heutigen Rolltreppe nannte, zu begeistern. In einem Vergnügungspark auf Coney Island, der Halbinsel vor dem New Yorker Hafen, stellte Reno die Erfindung einem breiten Publikum vor. Schon bald wurde die zwei Meter lange und zehn Zentimeter hohe Fahrtreppe zu einer echten Jahrmarktsattraktion, rund 7500 Besucher probierten sie während der zweiwöchigen Zurschaustellung aus. Als „Endlosband der Moderne" war sie fortan in aller Munde.

Auch George A. Wheeler, der bis heute als eigentlicher Vater der Fahrtreppe gilt, ließ sich seine „Stufen-Rolltreppe" schützen – nur fünf Monate nachdem Reno sein Patent in Händen gehalten hatte. Doch wie schon Ames Jahrzehnte zuvor, blieb auch Wheeler das Glück des finanziellen Erfolgs versagt. Im Marketingbereich wenig bewandert, musste er 1898 sein Patent an den Erfinder Charles Seeberger (1857-1931) abtreten. Seeberger ließ die Rolltreppe unter dem Begriff „Fahrtreppe" schützen und verkaufte sie mit hohem Gewinn an das Aufzug-Unternehmen Elisha Otis weiter.

Den globalen Durchbruch erlebte die Rolltreppe im Jahr 1900 bei der Weltausstellung in Paris, wo die „troittoirs roulants" oder „escaliers roulants" für Aufsehen sorgten und so ins Bewusstsein der Öffentlichkeit gelangten.

Heute sind Rolltreppen aus U-Bahn-Stationen oder Kaufhäusern kaum mehr wegzudenken. Die erste Rolltreppe Deutschlands – eine Art schräges Laufband – installierte im Jahr 1898 das Leipziger Kaufhaus August Polich. Eine Rolltreppe mit bewegten Stufen, wie wir sie heute kennen, wurde 1925 im Kölner Traditionskaufhaus „Tietz", der heutigen Galeria Kaufhof, in Betrieb genommen.

In Köln gehen auch Meike Schulte-Uebbing und Tochter Nele aus dem nahegelegenen Rösrath regelmäßig shoppen. „Ein Kaufhaus ohne Rolltreppen wäre für uns undenkbar", bekräftigen Mutter und Tochter unisono. „Es ist schon eine geniale Erfindung, die Menschen kontinuierlich und ohne Verzögerung transportiert. Und das ganz ohne Bedienungspersonal."

Über ein Jahrhundert hat sich das technische Prinzip der Rolltreppe kaum verändert. Auch heute noch besteht sie aus einem Endlosband mit montierten Stufen. Dennoch wurde sie im Laufe der Jahrzehnte weiter verbessert. So bestanden früher die Handläufe aus einzelnen Holzschienen, an denen man sich schnell verletzen konnte. An den heutigen gummierten Handläufen besteht dieses Risiko kaum noch. Angetrieben von Rollen und einem Keilrad läuft der Handlauf wie ein großer Keilriemen im Kreis. Je nach Neigung sind Rolltreppen mit 0,5 bis 0,75 Metern pro Sekunde unterwegs. Der

Handlauf darf auf keinen Fall langsamer und nur bis zu zwei Prozent schneller sein, das ist in der europäischen Norm EN 115 verankert. Womit der Gesetzgeber einen Sturz nach vorn für weniger gefährlich hält. Deshalb sollte jeder Handlaufbenutzer an längeren Rolltreppen ab und an „umgreifen".

Meike und Nele Schulte-Uebbing genießen jedenfalls ihren Einkaufsbummel in Köln, bei dem sie unzählige Rolltreppen hinauf und wieder hinunterfahren. „Müssten wir die ganze Zeit Stufen hoch und runter laufen, wären wir bestimmt schneller erschöpft und könnten den Tag nicht so richtig ausnutzen", sind sich beide einig.

Manuela Klaas

Kuriose Fakten

Die kleinste Fahrtreppe der Welt steht im japanischen Kawasaki, misst gerade einmal 87 Zentimeter und verfügt über fünf Stufen. Ihr Nutzen sei dahingestellt. Die Rolltreppe in der Sankt Petersburger U-Bahn hingegen überbrückt eine Strecke von 137 Metern und gilt als die längste der Welt. Den Rekord in Westeuropa hält das neue Wahrzeichen Hamburgs, die Elbphilharmonie. Ihre Rolltreppe führt über eine Länge von 80 Metern vom Eingang in ein Zwischengeschoss in 22 Metern Höhe.

Gleich nach dem Aufstehen brüht sich Gloria Dulich ihren ersten Tee auf. Über den Tag verteilt sind es etwa fünf Tassen, die die Teeliebhaberin konsumiert.

Teebeutel
In Seide gehüllte Proben

An kalten Winterabenden macht es sich die Studentin Gloria Dulich meist mit einer Tasse Tee und ihrem Strickzeug auf dem Sofa gemütlich. „Wenn es draußen stürmt und schneit, gibt es nichts Besseres als einen heißen Tee", sagt sie. „Oft greife ich dann zum Teebeutel – das geht schnell und ist bequem. Eine geniale Erfindung."

An einem dieser Abende fragte sie sich, wann und wie der Tee eigentlich in den Beutel kam. Flugs begann sie zu recherchieren und fand heraus, dass der Teebeutel eher zufällig erfunden wurde. Zu Beginn des 17. Jahrhunderts brachte die Holländische Ostindische Kompanie den ersten Grüntee aus Japan und Schwarztee aus China auf dem Seeweg über Java nach Holland. Anfang des 20. Jahrhunderts benutzten viele Menschen Teeeier, damit keine losen Blätter in der Kanne schwammen. „Ob es nun 1904 oder 1908 war, dass der amerikanische Teehändler Thomas Sullivan Teeblätter in kleine, platzsparende Seidensäckchen verpackte, konnte ich nicht wirklich herausbekommen“, erzählt Gloria Dulich. „Sicher ist jedoch, dass es sich dabei um Proben handelte, die Sullivan an seine Kunden verschicken wollte, ohne die üblichen teuren und schweren Blechdosen zu verwenden.“

Die Empfänger der Proben dachten jedoch, die kleinen Beutel seien eine Neuerung zur Erleichterung des Teekochens und brühten die Blätter gleich in den Seidensäckchen auf. Zunächst kam die Idee gut an. Doch in den 1910er Jahren füllten Nachahmer minderwertigen Tee in Beutel, den sie zudem mit billigen Zusatzstoffen mischten. „Daraus resultiert bis heute die Ansicht, dass sich in Teebeuteln generell Tee minderer Qualität befindet“, erläutert die Studentin. Andere wiederum verklebten die Beutel mit Leim. „Man kann sich vorstellen, wie das geschmeckt haben muss“, sagt sie naserümpfend.

Gegen Ende des Ersten Weltkriegs reparierte der junge Mechaniker Adolf Rambold (1900-1996) bei der damals noch in Dresden beheimateten Firma Teekanne eine Teepackmaschine. Diese sollte „Teebomben“ produzieren, kugelförmige, mit Tee befüllte Mullkissen, die bisher einzeln in Handarbeit gefertigt wurden. Ursprünglich waren die Teebomben für die kämpfenden Truppen bestimmt, doch im Jahr 1918 waren sie bereits für zehn Pfennig das Stück überall erhältlich. Rambold brachte die Maschine zum Laufen und machte das Entwerfen des optimalen Teebeutels fortan zu seiner Lebensaufgabe. 1929 entwickelte er den ersten Aufgussbeutel aus geschmacksneutralem Spezialpergamentpapier. „Rambold experimentierte mit verschiedenen Tee- und Papiersorten, aber auch mit Falttechniken und Teepackmaschinen“, erklärt die Teeliebhaberin. „Das Papier sollte reißfest, hitzebeständig und geschmacksneutral sein.“

„Rambold experimentierte mit verschiedenen Tee- und Papiersorten, aber auch mit Falttechniken und Teepackmaschinen.“

Im Jahr 1948 gründete Adolf Rambold in Meerbusch die Firma Teepack, ein Tochterunternehmen der mittlerweile in Düsseldorf ansässigen Teekanne GmbH. Nach vielen Jahren der Tüftelei brachte er 1949 die von ihm entwickelte „Constanta Teepackmaschine", eine Doppelkammermaschine, auf den Markt, mit der er das Geschmacksergebnis von Teebeuteln, aber auch die Produktionsgeschwindigkeit erheblich verbesserte. „Die Maschine faltete rechteckige, etwa 15 Zentimeter lange Streifen aus Zellulosefasern zu einem Schlauch, der in der Mitte geknickt und von beiden Seiten mit Teeblättern befüllt wurde", berichtet Gloria Dulich. „Das längere Ende wurde über das andere geklappt und mit einer Heftklammer verschlossen, sodass zwei Kammern entstanden. Das bewirkte, dass das Wasser die Teeblätter von allen Seiten umspülte und sich das Aroma voll entfalten konnte." Sein Leben lang perfektionierte der Selfmade-Ingenieur seine Doppelkammer-Teebeutelmaschine. Wilhelm Lohrey, der mit Rambold ab 1978 eng zusammenarbeitete, berichtete, dass der emsige Erfinder zurückgezogen in seiner eigenen Welt einzig für die Doppelkammer-Teebeutelmaschine lebte. „Was um ihn herum geschah, hat den Perfektionisten nicht interessiert."

Gloria Dulich findet die Geschichte des Teebeutels ungemein spannend. Mit einer frisch aufgebrühten Tasse des dampfenden Elixiers zieht sie sich wieder aufs Sofa zurück.

Manuela Klaas

Der perfekte Tee

Zum Teekochen eignet sich weiches Wasser am besten. Die Teekanne sollte aus Glas oder Porzellan sein und vorgewärmt werden. Hierfür die Kanne zur Hälfte mit heißem Wasser füllen und kurz stehen lassen. Auch die Wassertemperatur spielt eine Rolle. Direkt nach dem Aufkochen liegt sie bei etwa 95 Grad, was für die Zubereitung von schwarzem Tee ideal ist. Eine Minute später ist die Wassertemperatur bereits auf rund 80 Grad gesunken und eignet sich für grüne und weiße Tees. Wie lange ein Tee ziehen sollte, ist Geschmackssache. Je mehr Teeblätter, je heißer das Wasser, je zerbröselter die Teeblätter, desto kürzer die Ziehzeit. Je länger ein Tee zieht, desto mehr natürliche Gerbstoffe werden freigesetzt und hinterlassen einen bitteren Nachgeschmack.

12

Taktstock

Was die Welt zusammenhält

D er Dirigent hebt die Hand, in der er seinen Taktstock hält und in dieser Geste liegt ungeheuer viel: Das ganze Musikstück eigentlich, das er in jedem Moment in allen seinen Sequenzen parat haben muss, wenn er sein Orchester gut leiten will. Der Frankfurter Markus Bechtold ist schon als Kind gern ins Konzert gegangen und schon damals hat es ihn fasziniert, wie ein Dirigent mit einem Taktstock ein ganzes Orchester zusammenhalten kann. „Das ist ohnehin von jeher mein großes Thema: Was hält eigentlich die Welt zusammen?", sagt er. „Darum habe ich später auch Sozialwissenschaften studiert. Ich wollte dieser Frage wirklich nachgehen. Deshalb interessiert mich auch der Taktstock: Was wir im Alltag als Regelwerk sehen, das ist in der Musik der Taktstock." Neugierig geworden begann der Sozialwissenschaftler die Geschichte des Taktstocks zu recherchieren. Sie geht so: „Vor 300 Jahren gab es den Taktstock noch nicht. Da stampfte der Dirigent mit den Füßen, um den Takt der Musik vorzugeben", erzählt Markus Bechtold. Menschen mit einem feinen Gehör, die das Konzert in Ruhe genießen wollten, fühlten sich da durchaus gestört. „Später gaben manche Dirigenten dann nicht mehr mit den Füßen den Takt vor, sondern mit einem reich verzierten Marschallstab. Der war mit einer Spitze versehen und dadurch sehr gut hörbar." Die wohl erste Erwähnung eines Taktstocks, wie wir ihn heute kennen, hat Bechtold Ende des 16. Jahrhunderts ausfindig gemacht. „Damals wurde eine Nonne, Vittoria Raffaella Aleotti, genannt, die mit Hilfe eines Holzstabes ihren Chor bei einem Konzert dirigierte." Auch in der Barockzeit gab es eine Art Taktstock, wenn es sich auch noch nicht um einen Stock im eigentlichen Sinn handelte: Man bediente sich eines eingerollten Notenblatts. Der Taktstock als solcher wurde ab der Romantik genutzt. Der Musiker Louis Spohr (1784-1859) gilt als sein Erfinder. 1820 soll er ihn erstmals benutzt haben. Anderen Quellen zufolge war es Felix Mendelssohn Bartholdy

*Markus Bechtold mit Taktstock – vor der
Alten Oper in Frankfurt.*

Eine Chorprobe im 19. Jahrhundert. Mit dem Taktstock lässt sich der Chor viel besser dirigieren.

(1809-1847), der als erster Kapellmeister einen Taktstock verwendet. „Damals wuchsen die Orchester ja auch an, die Musiker saßen nun nicht mehr so nahe am Dirigenten wie früher. Der Taktstock diente als Verlängerung der Bewegung des Dirigenten." Bekannt ist zum Beispiel, dass der Dirigent Ignaz Franz von Mosel (1772-1844) den Taktstock im Jahr 1812 verwendete. „Es gibt viele Richtlinien, wie der Stab beschaffen und wie lang er sein soll. Mittlerweile ist das alles gleichförmiger, aber man sagt, als Richtschnur sollte der Stab vom Ellenbogen bis zum Mittelfinger reichen", erklärt der Sozialwissenschaftler und ergänzt: „Der Taktstock ist ein sehr persönliches Stück des Dirigenten, das ihn ein Leben lang begleitet. Oftmals ist auch der Name eingraviert. Ich finde es faszinierend, was für eine Kraft so ein kleiner, unscheinbarer Stab entfalten kann."

Eva-Maria Bast

Tod durch den Marschallstab

So schön es sicher aussah, wenn ein Dirigent vor der Erfindung des Taktstocks mit dem Marschallstab agierte: Ganz ungefährlich war sein Einsatz nicht! Dem Hofdirigenten des Sonnenkönigs Ludwig XIV., Jean-Baptiste Lully (1632-1687), brachte er den Tod. Lully hatte 1687 eine Aufführung dirigiert und dabei den schweren Stab nicht in den Boden, sondern in seinen Fuß gerammt. „Ich weiß nicht, wie das passiert ist", kommentiert Markus Bechtold. „Vielleicht hat er sich erschreckt oder war erbost, weil die Musiker so schlecht gespielt haben. Oder er war so verzückt, dass er versehentlich seinen Fuß traf." Jedenfalls starb Jean-Baptiste Lully an einem Wundbrand. „Die Wunde entzündete sich und er hat sich mit seinem Taktstock ins Jenseits dirigiert."

Carola Kühberger hat sich mit der Geschichte des Kugelschreibers beschäftigt.

13

Kugelschreiber
Der Zauber eines kleinen Farbballs

D er Journalist starrt fasziniert auf die Rotationsdruckmaschine, auf der gerade produziert wird, was er geschrieben hat. Die schmierenden Füllfederhalter sind ihm schon lang auf die Nerven gegangen. Und nun gelingt es dieser Maschine ganz einfach, die Tinte fein säuberlich auf das Papier zu bringen. Der ungarische Journalist ist László Jósef Biró (1899-1985) und er wird als Erfinder des Kugelschreibers in die Geschichte eingehen. Denn als er der Druckmaschine bei der Arbeit zusieht, reift in ihm ein Gedanke: Dieser Prozess müsste sich doch eigentlich auf einen Stift übertragen lassen! Dazu bedürfte es ja lediglich einer Röhre und einer kleinen Kugel, die die Tinte ähnlich wie die Rotationsdruckmaschine auf das Papier bringt. Gemeinsam mit seinem Bruder György und zwei weiteren Unterstützern macht er sich ans Werk. Es gilt, eine Tinte zu entwickeln, die nicht austrocknet, nicht schmiert und vom Papier soweit aufgesogen wird, dass die Farbpartikel an der Oberfläche bleiben.

Die Münchnerin Carola Kühberger findet diese Geschichte faszinierend. Sie arbeitet als Stadtführerin und hat deshalb naturgemäß auch ein großes Interesse für Geschichte – auch für die des Kugelschreibers. „Schließlich benutzen wir ihn täglich und kennen die Geschichte dahinter gar nicht." Sie hat recherchiert, dass es noch weitere Varianten gibt, was Biró zur Erfindung inspirierte: In der Schule seien die Zöpfe seiner Tochter in ein Tintenfass getunkt worden, lautet die eine Version. Er habe dem Mädchen zugesehen, wie es Murmeln durch eine Pfütze rollte, die kleinen Kugeln dann Spuren auf dem Boden hinterließen, die andere. Übrigens hatte vor Biró schon einmal ein Mann die Idee, einen Kugelschreiber herzustellen: Es ist Galileo Galilei (1564-1642) höchstselbst, von dem entsprechende Skizzen existieren sollen.

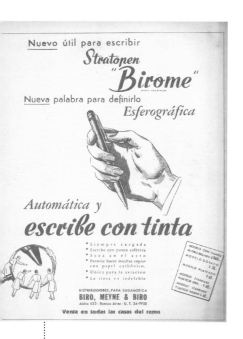

Werbung für einen Kugelschreiber von Biró in Argentinien 1945.

Was auch immer den Erfinder inspiriert haben mag: 1938 erhielt er das Patent im selben Jahr, floh der jüdische Journalist mit seiner Familie zunächst nach Frankreich, dann, als dort die deutschen Truppen einmarschierten, nach Argentinien. Dort tüftelte er, gefördert vom argentinischen Präsidenten Agustin P. Justo (1876-1943) weiter an seiner Erfindung, erzählt Carola Kühberger. „1943 erhielt er das argentinische Patent auf den verbesserten Kugelschreiber."

Selbiges verkaufte er an britische Geschäftsleute, die 1944 die erste Kugelschreiberfabrik gründeten und diese schließlich an die Royal Air Force verkauften. Doch Birós Name wird unsterblich bleiben: Im Englischen und Italienischen ist „biro" ein Synonym für den Kugelschreiber. Und auch so manch wohlduftende Achseln sind ihm zu verdanken: Biró fand seinen Kugelschreiber nämlich so klasse, dass er das Prinzip auch auf Parfumfläschchen übertrug.

> *„1943 erhielt er das argentinische Patent auf den verbesserten Kugelschreiber."*

Eva-Maria Bast

Die Kugelschreiber-Legende

Zur Entstehung des Kugelschreibers gibt es eine sehr hübsche Legende. Sie geht so: Weil der Füller in der Schwerelosigkeit des Alls nicht funktioniere, habe die NASA Unmengen an Geld für die Entwicklung eines Kugelschreibers ausgegeben. Ihre Gegenspieler im sogenannten „Space Race", die Russen, verwendeten kurzerhand einfach einen Bleistift. Eine Legende ist eine Legende ist eine Legende: Erstens war der Kugelschreiber bereits erfunden, als der erste Mensch 1969 auf dem Mond landete. Dennoch gab es einen speziell für den Weltraum entwickelten „Space Pen", der aber nicht von der NASA in Auftrag gegeben wurde, sondern 1965 von den Geschäftsmännern Paul C. Fisher, Friedrich Schächter und Erwin Rath entwickelt wurde. Vorteil des Geräts: Es konnte sowohl in Eiseskälte als auch kopfüber auf extrem glatten Flächen und sogar unter Wasser verwendet werden. Und übrigens: Bleistifte wären im Spaceshuttle gefährlich wegen des leitenden Graphits.

14

Lippenstift

Sinnlich und erotisch

D er Lippenstift ist der beliebteste Schönheitsartikel der Welt – er findet sich in fast jeder Handtasche, 87 Prozent aller Frauen verwenden ihn. Der Wunsch nach einem perfekten Kussmund ist schon Jahrtausende alt. Rot soll er sein – sinnlich und erotisch.

„Den Lippenstift, wie wir ihn heute kennen, gibt es seit 1883", erzählt Katharina Schödel. Die Münchnerin kennt sich mit Lippenstift und Co. bestens aus, da sie neben ihrem BWL-Studium bei diversen Kosmetikfirmen gearbeitet hat. „Auf der Weltausstellung in Amsterdam präsentierten Pariser Parfumeure den *stylo d'amour*, einen in Seidenpapier gewickelten Stift aus Rizinusöl, Hirschtalg und Bienenwachs. Das Publikum nannte die Farbrolle, die bei jeder Anwendung aus- und eingewickelt werden musste, despektierlich *saucisse*, also Würstchen." Vielleicht lag es an dem wenig schmeichelhaften Namen, dass sich niemand so richtig für den ersten kommerziellen Lippenstift begeisterte. Die feine Gesellschaft überließ die Betonung der Lippen lieber Prostituierten und Tänzerinnen. Dem Stift haftete etwas Verruchtes an.

Dabei gibt es nachgemalte Lippen schon seit Jahrtausenden. Bei Ausgrabungen in der sumerischen Stadt Ur fand man farbige Lippensalbe aus zerstoßenen Halbedelsteinen, datiert auf das Jahr 3500 vor Christus. Sowohl Frauen als auch Krieger färbten sich die Lippen als Zeichen von Fruchtbarkeit, Gesundheit und Stärke. Auch die schönheitsbewussten Ägypterinnen besaßen Tiegel, in denen sie ihre Farben mischten. Diese bestanden aus verschiedenen Pflanzenstoffen wie beispielsweise Henna. Die Farbe Rot war jedoch nur Kriegern und Königinnen vorbehalten. Nofretete (um 1350 v. Chr.) war ebenso wie Ägyptens letzte Pharaonin Kleopatra (69-30 v. Chr.) bekannt für ihre geschminkten Lippen. Letztere untersagte ihren weiblichen Untertanen, ein ähnlich tiefes Rot wie sie selbst aufzutragen.

Rote Lippen sind ein Hingucker. Auch Katharina Schödel weiß dies ab und zu einzusetzen.

Schon immer galt Rot als Signalfarbe, die Macht, Reichtum und Einfluss, aber auch Sinnlichkeit und Kampfbereitschaft demonstrieren sollte. „Im Römischen Reich verwendeten Frauen ebenso wie Männer Lippenfarbe als Zeichen des Wohlstands ", berichtet Katharina Schödel. „Zwischen 753 vor und 476 nach Christus konnten sich nur die höheren Klassen die teure Lippenpomade leis-

„Den Lippenstift, wie wir ihn heute kennen, gibt es seit 1883."

ten. Den altertümlichen Lippenstift gab es in trendigen Rot- und Lilatönen, allerdings wurde giftiges Quecksilber zur Herstellung verwendet."

Auch im weiteren Verlauf der Geschichte schrieb man tiefrote Lippen stets Königinnen und Prostituierten zu. „Die englische Regentin Elisabeth I. färbte sich regelmäßig mit einer Mixtur aus Gummi arabicum, Feigenmilch, Eiweiß und zerstampften Cochinelleläusen die Lippen", erzählt Katharina Schödel. „Sie zelebrierte mit einem aufwändigen Make-up ihren Status als makellose Jungfrau." Königin Victoria (1819-1901) hingegen, die drei Jahrhunderte nach Elisabeth den englischen Thron bestieg, lehnte gefärbte Lippen als halbseiden ab.

In Russland wiederum griff Katharina die Große (1729-1796), der ein ausschweifendes Liebesleben nachgesagt wird, zu recht drastischen Mitteln, um Farbe auf ihren Mund zu zaubern: „Sie befahl ihren Hofdamen, an den kaiserlichen Lippen zu saugen, damit diese gut durchblutet waren", berichtet die Münchnerin und fasst sich dabei unwillkürlich an die eigenen Lippen.

Zum Ausklang des 18. Jahrhunderts setzte die Französische Revolution (1789-1799) der Lippenbemalung ein abruptes Ende. Wer zu jener Zeit eine übertrieben rote Mundpartie zeigte, wurde als Sympathisant der Aristokratie eingestuft und lief Gefahr, unter der Guillotine zu landen.

Ein Jahrhundert später wagte sich die französische Schauspielerin Sarah Bernhardt (1844-1923) als erste mit knallrotem Mund auf die Bühne. Ihr gefiel der „stylo d´amour", der 1883 auf der Weltausstellung in Amsterdam seinen Auftritt hatte. Bernhardt nannte die senkrecht aufragende Pariser Kreation den „Zauberstab des Eros" und zog sich damit öffentlich die Lippen nach. Ein Skandal, der so manchen Moralapostel wohlig erschauern ließ.

„1910 brachte das Parfumhaus Guerlain dann erstmals einen Lippenstift in einer Metallhülse heraus. Mit einem Knopf wurde der Stift nach oben und unten geschoben", erzählt Katharina Schödel. „Zwei Jahre später trugen die Suffragetten der Frauenbewegung bei ihrem Marsch durch New York tiefroten Lippenstift – er wurde zum Symbol ihres Kampfes für Unabhängigkeit und Selbstbestimmung."

Seinen Durchbruch feierte der Lippenstift in den 1920er-Jahren. Der Schlachtenlärm des Ersten Weltkriegs war kaum verklungen, da trugen die Frauen lockere Hängekleidchen und imitierten die schwarzen „Bienenstich"-Münder der Stummfilmstars wie Asta Nielsen (1881-1972) und Mae Murray (1885-1965). Ein Trend war geboren – von nun an trug Frau schwarz. „Die Leinwandstars machten die Lippenfarbe populär", bestätigt Katharina Schödel. „1923 gab es den ersten Lippenstift mit Drehtechnik, zwölf Jahre später wurde in Deutschland ein Lippenstift mit Schiebetechnik patentiert."

Als Mitte der 1930er-Jahre der Farbfilm erfunden wurde und verführerisch rote Lippen von der Kinoleinwand herab lächelten, avancierte ein sorgfältig geschminkter Mund zum wichtigsten weiblichen Attraktivitätsmerkmal. Der Lippenstift ging endgültig in Massenproduktion.

Manuela Klaas

....

Farbstoffe

Die ersten Lippenstifte wurden noch mit Karmin, einem natürlichen Farbstoff aus dem Blut der weiblichen Cochenille-Schildlaus, gefärbt. Zur Herstellung verwendete man Rizinusöl, Hirschtalg und Bienenwachs. Im Jahr 1950 entwickelte die amerikanische Biochemikerin Hazel Bishop (1906-1998) einen Lippenstift auf Lanolin-Basis, einem Wachs, das aus Schafwolle gewonnen wird. Heute werden 15 bis 20 Komponenten zusammengerührt.

Großvater Egon und Enkel Dominik Stoll haben schon einige Sachen zusammen- und auseinandergeschraubt.

15

Schraube

Auf den richtigen Dreh kommt es an

Ein paar Stunden gespielt, und schon ist die Batterie im Spielzeugauto leer. Der kleine rote Flitzer will sich einfach nicht mehr bewegen. Der Fünftklässler Dominik Stoll kennt das Problem schon. Er weiß: Nun gilt es, die Batterie zu wechseln. Nur geht das gar nicht so einfach, denn das Fach zur Batterie ist mit einer Schraube verschlossen. Und für die braucht man den passenden Schraubenzieher. Zum Glück hat Dominik Stoll einen technikbegeisterten Großvater, der in seiner Werkstatt im Keller für jede Schraube den passenden Schraubenzieher hat. Mit seinem Großvater

Egon hat er sich in letzter Zeit ohnehin viel über Schrauben unterhalten, denn in der Schule lernte er, dass es Schrauben bereits in der Bronzezeit gab. Sie wurden unter anderem verwendet, damit Schmuckstücke nicht verloren gingen. Egon Stoll sagt: „Eigentlich ist es nicht verwunderlich, dass wir die Schraube schon so lange kennen, schließlich finden sich die gewundenen Formen überall in der Natur, zum Beispiel in spitz geformten Schneckenhäusern." In der Antike erfand der griechische

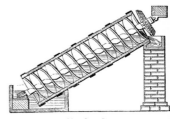

Archimedean Screw.

Die Schraube des Archimedes.

Mathematiker Archimedes (um 287-212 v. Chr.) die Archimedische Schraube und verwendete sie als Wasserpumpe (siehe Infokasten). Auch die Römer nutzten den zylindrischen Stift, um daran ihren Schmuck und ihre medizinischen und astronomischen Instrumente zu befestigen. „Und hier am Bodensee, in der Weinregion, wurden die Schrauben nochmal ganz anders eingesetzt", sagt Großvater Egon Stoll. „Große Schraubspindeln aus Eichenholz hat man Jahrhunderte lang in der Weinproduktion als riesige Pressen angewendet." Diese hölzernen Schraubenpressen, auch Torkel genannt, finden sich ab dem 1. Jahrhundert v. Chr.

Zurück zur klassischen Schraube, die zwei Teile miteinander verbinden soll, die sogenannte Befestigungsschraube, die Dominik Stoll für sein Spielzeugauto braucht. Sie findet sich erstmals in der Zeit der Römer. Doch Schrauben waren wenig verbreitet, Nagel und Zapfen dominierten dieses Aufgabengebiet. Einer der Gründe dafür, dass die Schraube sich nur zäh durchzusetzen vermochte, war ihre schwierige Herstellung. „Schrauben wurden im Mittelalter per Hand in den Schmieden produziert, wodurch sie immer unterschiedliche Größen hatten", erklärt Egon Stoll. Durch die damit einhergehenden geringen Stückzahlen waren Schrauben sehr teuer, Nägel waren viel einfacher herzustellen. Doch das Prinzip einer sehr starken und trotzdem wieder lösbaren Verbindung zweier Bauteile ließ die Tüftler nicht los. So beschäftigten sich unter anderem Leonardo da Vinci (1452-1519) und Georgius Agricola (1494-1555), zwei geniale Wissenschaftler, Universalgelehrte und Erfinder, mit Schrauben als Teile einer Maschine. Letzterer beschrieb in seinem Buch *de re metallica* eine eiserne Holzschraube, mit der Leder für einen Blasebalg auf Holz befestigt wurde, doch „diese Methode wird wenig benutzt, obwohl sie ohne Zweifel der mit Nägeln überlegen ist", wie er beklagt. Allzu weit war der Weg bis zur Durchsetzung der Schraube aber nicht mehr, denn der richtige Dreh auf dem Weg zum Erfolg war bald gefunden: Die Vorteile der Schraube sprachen sich herum, sie wurde immer beliebter. Die größten Probleme, die Uneinheitlichkeit und der hohe Preis, lösten sich in der industriellen Revolution: Die Engländer Job und William Wyatt ließen sich 1760 eine Maschine patentieren, mit der neun Schrauben pro Minute hergestellt werden konnten.

Einen weiteren wichtigen Beitrag für die Schaubenproduktion leistete der Engländer Henry Maudslay (1771-1831). Mit ihm begann die Ära der normierten Schrauben, denn er erfand eine Maschine, die identische Schrauben in Massen herstellen konnte. „Seitdem besteht die Möglichkeit, eine Schraube auszutauschen, wenn mal eine verloren geht", erklärt Egon Stoll, der zahlreiche Kästchen mit verschiedenen Schrauben in seiner Werkstatt stehen hat.

Mit der Zeit sind die Schrauben immer kleiner und feiner geworden, ähnlich klein wie die Schraube an Dominik Stolls Spielzeugauto.

Eva-Maria Bast

Die archimedische Schraube

Das Funktionsprinzip der archimedischen Schraube ist denkbar einfach. Eine Schraube, die in einem Zylinder steckt, wird dort angebracht, wo die Flüssigkeit von einem niedriger gelegenen Basin in ein höher gelegenes gepumpt werden soll. Wichtig ist dabei die Schräglage, da die Schraube sich der Schwerkraft bedient. Wird nun die Schraube gedreht, drückt sich das Wasser, das unten von der sich bildenden Kammer eingeschlossen ist, mit der Kammer nach oben. Oben angekommen entsteht durch die Drehung wieder eine Öffnung und das Wasser fließt heraus.

In ihrem Berliner Café öffnet Theresa Pogge täglich
Flaschen, die mit Kronkorken verschlossen sind.

16

Kronkorken

Mit einem Zisch!

E in leises Zischen ist zu hören, dem ein Plopp folgt – Theresa Pogge, Inhaberin des ersten Allergiker-freundlichen Cafés in Berlin, öffnet eine Limonadenflasche. Mit Schwung gießt sie das kühle Getränk ins Glas. „Kronkorken sind so simpel wie genial", konstatiert die Cafébesitzerin. „Die schlichte Metallkappe ist aus der heutigen Gastronomie nicht mehr wegzudenken."

Angefangen hat alles am 19. Mai 1891 mit William Painters (1838-1906) Patent auf den „Crown Cork", den Kronenkorken, wie der Kronkorken eigentlich heißt. 24 Zacken und ein Stückchen Kork gaben der Erfindung ihren Namen.

Kronkorken haben weltweit exakt 21 Zacken.

Die Lebensgeschichte von William Painter liest sich wie die des typischen Erfinders: Der gebürtige Ire fiel schon als Junge durch seinen Schaffensdrang auf. Im Alter von 20 Jahren wanderte er in die Vereinigten Staaten aus und versuchte sich hier an zahlreichen Erfindungen. Insgesamt 85 Patente ließ Painter auf seinen Namen eintragen. Darunter waren eine Papierfaltmaschine, ein Schleudersitz für Reisezüge, ein Detektor zum Erkennen von gefälschten Dollar-Münzen, diverse Pumpen und Ventile und vieles mehr. Doch keine dieser Erfindungen brachte ihm Geld und Ruhm ein; das sollte erst mit US-Patent Nr. 468226, dem Kronkorken, gelingen. Länger schon waren Brauereien auf der Suche nach einem kostengünstigen und maschinentauglichen Ersatz für den Bügelverschluss. Er musste dicht sein und dem Druck der Kohlensäure standhalten. Bis zur Erfindung des Kronkorkens verschloss man Limonade, Bier und andere sprudelnde Getränke mehr schlecht als recht mit den unterschiedlichsten Arten von Stopfen: Von der Porzellankappe mit Gummidichtung bis hin zum Korken mit Metallbügel war alles dabei. Durch so manchen Verschluss wurden die Getränke ungenießbar: Oftmals rissen die Drähte oder setzten Rost an, sodass sich Verunreinigungen ansammelten oder auch das Material „geschmacklich" abfärbte.

„Painter hatte die Idee mit den Zacken: Sie verteilen den für einen luftdichten Abschluss notwendigen Anpressdruck der Metallkappe so gleichmäßig auf den Flaschenhals, dass dieser nicht zerbricht", erzählt Theresa Pogge, die von dem kleinen Stück Metall so fasziniert ist, dass sie sich ausführlich mit seiner Entstehungsgeschichte befasst hat. „Innen war der Deckel mit Papier beschichtet, damit der Inhalt nicht mit dem Blech in Berührung kam", sagt die Berliner Cafébesitzerin. „Ein dünner Kork-Ring diente als Dichtung." Im Februar 1892 wurde das Patent erteilt. Rechtlich geschützt wurde eine „kreisförmige Vorrichtung aus am Unterrand kronenförmig gestanztem Metall", wie es in der Schrift heißt.

Ein Jahr später gründete William Painter die Crown Cork & Seal Company mit Firmensitz in Baltimore. 1894 erfand er außerdem den zum Kronkorken passenden Flaschenöffner. Zuvor hatte er geraten, zum Öffnen des Korkens am besten ein Messer, einen Nagel oder einen Eispickel zu verwenden. Vier Jahre später präsentierte William Painter seine „Automatic Power Crown Machine", eine Maschine, die das Abfüllen und Verschließen von Flaschen in einem Arbeitsgang erledigte.

1897 produzierte die Firma bereits an die 94 Millionen Kronkorken – wie im Handelsblatt von Baltimore im November desselben Jahres zu lesen war. Pro Woche wurden 10 bis 15 Tonnen Weißblech verarbeitet. Heute zählt die Crown Cork & Seal Company mit acht Milliarden Dollar Umsatz im Jahr zu den größten Unternehmenden der USA. Die Produktionsstätten verteilen sich über die ganze Welt.

„Mittlerweile sorgt Kunststoff für den luftdichten Verschluss", verrät Theresa Pogge. „Auch hat der Korken keine 24, sondern nur noch 21 Zacken – und das weltweit. Das liegt daran, dass die Flaschenhälse heutzutage dünner sind. Außerdem verkanten Kronkorken mit ungerader Anzahl von Zacken nicht so schnell in den Zuführungsbahnen der Abfüllanlagen. Das war bei den ursprünglichen Exemplaren sehr wohl der Fall, weil sich hier immer zwei Zacken genau gegenüberlagen."

Die Berlinerin ist jedenfalls froh, dass sie ihren Gästen im Café Lykke dank des Kronkorkens einwandfreien Geschmack garantieren kann. „Lykke" ist übrigens dänisch und bedeutet „Glück".

Manuela Klaas

Kronkorken-Norm

In Deutschland werden Kronkorken nach DIN-Norm hergestellt und zwar mit 32,1 Millimeter Außendurchmesser und 0,235 Millimeter Blechdicke. Als Grundmaterial verwendet man Weißblechplatten, die mit einem Haftlack beschichtet und anschließend bedruckt und ausgestanzt werden. Die Innenseite eines jeden Korkens bekommt noch einen Tropfen Kunststoff, der geschmolzen und angepresst wird, damit der Verschluss dicht ist.

Nicolaus Kunze schreibt unzählige E-Mails am Tag –
und hat die Geschichte ihrer Entstehung recherchiert.

17

E-Mail

Eine ernstzunehmende „Spielerei"

E r weiß nicht mehr, was drin stand. Denn das war nicht wichtig. Oder besser: Es war viel weniger wichtig als die Handlung an sich. Auch wann er es tat, ist nicht genau bekannt. Irgendwann im November oder im Dezember 1971 muss es gewesen sein. Er wusste in diesem Moment nicht, dass er damit Internetgeschichte schreiben sollte: Der Ingenieur Ray Tomlinson (1941-2016) hat die E-Mail erfunden. „Das Faszinierende ist: Es gab damals weder Computer noch das Internet", sagt der Informatiker Nicolaus Kunze. „Der Apparat, den der damals gerade 30 Jahre alte Ray Tomlinson bediente, war so groß wie ein Schrank." Tomlinson arbeitete zu jener Zeit gerade daran, das Internet zu erfinden. Und zwar im Auftrag der Firma Bolt Beranek and Newman (BBN), die wiederum ihrerseits den Auftrag vom US-Amerikanischen Verteidigungsministerium erhalten hatte, ein Computernetz zu ersinnen. „Das Internet hieß damals noch Arpanet und es waren rund 24 Rechner angeschlossen", sagt Kunze. Bei dem *Arpanet* (Advanced Research Projects Agency Network) handelte es sich um ein dezentrales Netzwerk, das die US-amerikanischen Universitäten für gemeinsame Forschungsprojekte nutzen konnten.

Die erste E-Mail in Deutschland vom 2. August 1984 ging an Michael Rotert.

Als Tomlinson an diesem elektronischen Brief bastelt, überlegt er, wie eine Adresse für so eine „electronic mail" aussehen sollte. Vorne müsste, wie auch bei einem Brief, der Empfänger stehen, an den die Mail gehen soll. Und hinten – auch wieder wie bei einem Brief – die Anschrift, im Fall der E-Mail also der Computer, an den die Nachricht übermittelt werden soll. „Die Schwierigkeit bestand nun darin, ein Zeichen zu finden, das den Namen des Empfängers und den Namen des Computers voneinander trennt", sagt Nicolaus Kunze. Ray entscheidet sich für das @. Das Zeichen baut er in die erste E-Mail-Adresse der Welt ein: *tomlinson@bbntenexa*. Den heute bekannten Anhang *.com, .org* oder in Deutschland *.de* gibt es noch nicht. Die erste Mail der Welt folgt kurz darauf: Tomlinson versendet sie an sich selbst und hält seine Erfindung schlicht für eine „niedliche Idee"! Auch seine Kollegen empfinden das Ganze anfangs eher als Spielerei. Und Tomlinson selbst sagt augenzwinkernd zu seinen Kollegen: „Don't tell anyone! This isn't what we're supposed to be working on." Übersetzt: „Sagt das niemandem! Das ist nicht das, woran wir arbeiten sollten."

Bis die erste E-Mail in Deutschland verschickt wird, vergehen noch rund 13 Jahre: Es wird bis zum 3. August 1984 dauern, bis Michael Rotert von der Technischen Universität Karlsruhe um 10:14 Uhr in seinem Keller, wo er den ersten E-Mail-Server Deutschlands eingerichtet hat, eine E-Mail erhält, die am Tag zuvor Laura Breeden aus Cambridge im US-Staat Massachusetts versendet hat: „Michael, This is your official welcome to CSNET."

Der Boom hatte begonnen: Über 80 Prozent der Deutschen nutzten 2015 die Möglichkeit, Mails zu verschicken – und das rund 500 Milliarden Mal.

Eva-Maria Bast

....

Woher kommt eigentlich das @?

Als Ray Tomlinson über die E-Mail-Adresse nachdachte, brauchte er ein Zeichen, das Namen und Adresse trennte. Da entdeckte er auf seiner Tastatur das @. Bisher hatte man die heute so viel genutzte Taste kaum gebraucht. Das @ ist ein Kaufmännisches Zeichen aus dem Mittelalter – im 16. Jahrhundert stand es für *arroub*, das sind etwa zehn Kilo. In der Renaissance verwendete man das @ dann noch als Zeichen für „zu", man konnte zum Beispiel bread@1 Pence" kaufen. In England und in den USA findet sich diese Schreibweise immer noch.

Patricia Mairle ist froh über die Erfindung der Wegwerfwindel.
Auf Wäscheberge an Stoffwindeln hätte sie keine Lust.

18

Wegwerfwindel
Schluss mit dem Auskochen

Marion Donavan (1917–1998) war genervt: Die Stoffwindeln ihrer beiden Töchter durchnässten zu schnell und liefen ständig aus. Auch konnte sie den täglich anfallenden Wäscheberg kaum noch bewältigen. Die amerikanische Journalistin, die – bevor sie sich der Familie widmete – für Magazine wie *Harper's Bazaar* und *Vogue* geschrieben hatte, stand Mitte der 1940er-Jahre am Wickeltisch und versuchte ihr schreiendes Baby aus den nassen Wickeln zu pellen. Während sie mit spitzen Fingern das triefende Knäuel Stoff in einen Eimer warf und nach frischen Moltontüchern griff, reifte in ihr der Gedanke, dass man eine Windel entwerfen müsse, die sich schnell und problemlos wechseln ließe und die man anschließend einfach wegwerfen konnte. Immerhin gab es längst wasserfestes Material.

„Aus einem Duschvorhang nähte Donavan mehrere Überhosen, die sie über die Stoffwindeln zog", erzählt Patricia Mairle, glücklich darüber, dass sie ihre beiden Kinder mit Wegwerfwindeln wickeln konnte. Die Gymnasiallehrerin findet die Geschichte, die hinter der Einwegwindel steckt, ungemein spannend. „Kurze Zeit später nähte Donavan in ihre Überhosen einen Beutel ein, in den sie eine Einlage steckte. Anstelle der üblichen Sicherheitsnadeln verschloss sie die neue Windel mit Druckknöpfen. Zu guter Letzt verarbeitete die Amerikanerin wasserfesten Fallschirm-Nylon, der sowohl Luft an den empfindlichen Babypo ließ als auch die Feuchtigkeit in der Windel speicherte."

„Marion Donovan eilte ihrer Zeit weit voraus. Die Erfindung war großartig, aber den Firmen fehlte der Mut, sie zu entwickeln."

Marion Donavan verteilte die Einwegwindeln zunächst privat und stieß bei ihren Freundinnen auf große Begeisterung. Wie einfach auf einmal das Trockenlegen der Babys war! Die bisherigen Stoffwindeln mussten eingeweicht und ausgekocht werden. Nicht jeder Haushalt hatte in den 1940er Jahren schon eine Waschmaschine, von einem Trockner ganz zu schweigen. Die Hinterlassenschaften der Kleinen mussten erst gesondert entfernt werden, bevor die Mütter jede Windel einzeln säuberten und anschließend gesammelt in einem großen Topf auskochten. Doch damit nicht genug: Schließlich mussten die Tücher noch auf die Leine gehängt und nach dem Trocknen gefaltet werden. „Da war die Begeisterung unter den Frauen leicht verständlich", meint Patricia Mairle lachend.

Der Prototyp der ersten Wegwerfwindel wurde schließlich am 12. Juni 1951 unter dem Titel „Diaper Wrap" patentiert.

Die findige Journalistin arbeitete weiter an einer Windel aus Papier und präsentierte ihre Entwicklung mehreren großen Papierfabriken. Doch hier wurde sie für das – in den Augen der Unternehmer unnötige – Produkt nur belächelt. „Marion Donovan eilte ihrer Zeit weit voraus", konstatiert Patricia Mairle. „Die Erfindung war großartig, aber den Firmen fehlte der Mut, sie zu entwickeln. Sie wägten die Kosten nicht gegen den Nutzen ab."

Zehn Jahre später sollte der Chemieingenieur Victor Mills (1897-1997), der beim Industriegiganten Procter & Gamble unter Vertrag stand, mit derselben Idee ein Vermögen verdienen. Mills ist zu jener Zeit bereits Großvater. Doch auch ihm stank das permanente Windelwechseln bei den Enkelkindern. Und er machte sich ebenfalls Gedanken zu einem neuen Produkt: Für Mills sollte eine Windel außen eine wasserdichte Schicht und innen einen saugfähigen Kern aus Zellstoff haben. Beide Komponenten umwickelte er mit Klebeband – die *Pampers* war geboren. „Die deutschen Wickeltische erreichte die Erfindung jedoch erst 1973", berichtet Patricia Mairle.

Mit dem Prototyp von damals hat die heutige Windel nicht mehr viel gemein. Was Mills entwarf, war nicht mehr als ein rechteckiges Zellstofftuch, das in der Mitte einen Saugbereich hatte, nach außen mit Kunststofffolie abgedichtet war und seitlich mit Sicherheitsnadeln zusammengehalten wurde. Bald sollten die Sicherheitsnadeln durch Klebestreifen ersetzt werden.

Seit 1980 sorgten Beinbündchen für einen sicheren Auslaufschutz. Vier Jahre später bekamen die Plastikwindeln einen körpergerechten Schnitt, 1987 einen verbesserten Saugkern und 1994 wiederverschließbare Klettverschlüsse. Alles Entwicklungen, die laut Werbeslogan der Procter & Gamble Company für „rundum trockene und zufriedene Babys" sorgten.

Manuela Klaas

....

Und was ist umweltschonender?

Mehr als 90 Prozent der deutschen Babys kommen mit einer Plastikwindel in Berührung und das vier- bis fünfmal am Tag über einen Zeitraum von durchschnittlich 30 Monaten. Umweltschützer reklamieren, dass ein Baby im Laufe seiner Entwicklung eine Tonne Windelmüll produziert. Allerdings fanden Forscher heraus, dass kein Wickelsystem einen ökologischen Vorteil bietet: Den Müllbergen steht mit der Reinigung von Mehrwegwindeln ein hoher Wasserverbrauch gegenüber.

Adriane Dolce posiert mit einer Louis-Vuitton-Tasche. Die Marke hat noch heute Weltruhm – gerade auch in der Kofferbranche.

19

Koffer

Vom Lederbeutel zum Kunststoffgepäck mit Rollen

Reisende haben es heutzutage bequem: Für jeden Bedarf, für jede Reisedauer und für jeden Geschmack findet sich das passende Gepäckstück und seit der Erfindung des Vier-Rollen-Koffers muss man die Koffer höchstens noch die Bahnhofstreppen rauf- und runtertragen. Da die Menschen schon immer gereist sind oder auf Wanderschaft waren, brauchten sich auch schon immer Behältnisse, in denen sie ihre Habseligkeiten transportieren konnten. Die lange Reise auf dem Weg zum hochmodernen

Vierrollenkoffer beginnt mit einem Lederbeutel, den die Reisenden an einem Gürtel oder einem Band trugen. Abgelöst wurde dieses Reiseutensil durch den bekannten, an einen Stock gebundenen Stoffbeutel, der über der Schulter getragen wurde. Die Entwicklung ging weiter über den Korb bis hin zur Entwicklung von Holzkisten. In diesem Transportmittel konnte man die Utensilien gut verstauen, aber die Kisten hatten durch ihr Eigengewicht den entscheidenden Nachteil, dass sie schwer zu transportieren waren. Wenn es regnete, bestand die Gefahr, dass sich das Wasser auf dem Deckel der Holzkiste sammelte und eindrang. Dem wurde mit gewölbten Deckeln, an denen das Wasser abfließen konnte, Abhilfe geschaffen. Im Laufe der Zeit wurden die Holz- durch Weidenkisten ersetzt. Das deutsche Wort „Koffer" leitet sich vom französischen „coffre" ab. Dieses hat seinen Ursprung im lateinischen „cophinus", was „Weidenkorb" bedeutet.

Werbung für die Koffer von Louis Vuitton im Juli 1898.

„Man darf sich die Reisetätigkeit nicht so wie heute vorstellen", sagt Adriane Dolce, die als Frankfurterin nicht nur an Deutschlands Reiseknotenpunkt lebt, sondern obendrein als Stadtführerin ständig mit Reisenden zu tun hat und nicht zuletzt selbst zur reiselustigen Gesellschaft gehört. „Handwerker gingen auf Wanderschaft, ansonsten reiste aber vor allem der Adel, denn reisen war teuer und die Truhen mussten ja auch transportiert werden, wozu man Kutschen brauchte. Die wiederum konnte sich nicht jeder leisten und auch eine Fahrt mit der Postkutsche, dem damals gängigen öffentlichen Verkehrsmittel, war längst nicht für alle erschwinglich."

Im 19. Jahrhundert habe sich das Reisen durch die Eisenbahn und auch durch die Dampfschifffahrt sehr verändert, sagt Adriane Dolche. „Nun gab es Massentransportmittel und in denen war nicht unendlich viel Platz für Gepäck. Außerdem musste man stapeln und da waren die gewölbten Deckel hinderlich." Es gab einen Mann, der die Zeichen der Zeit erkannte und dessen Namen noch heute eng mit (luxuriösem) Reisegepäck verbunden ist: Louis Vuitton (1821–1892). Er hat den Koffer wohl nicht erfunden, wie es an einigen Stellen heißt, aber er hat ihn revolutioniert: Nachdem er in Paris seine Lehre bei einem Gepäckwarenhersteller gemacht hatte, stand er dort anschließend 17 Jahre in Lohn und Brot, bis er im Alter von 33 Jahren sein eigenes Geschäft eröffnete und dort seine Kreationen verkaufte. „Er hatte den

„Nun gab es Massentransportmittel und in denen war natürlich nicht unendlich viel Platz für Gepäck. Außerdem musste man stapeln und da waren die gewölbten Deckel hinderlich."

für Louis Vuitton typischen quadratischen Koffer erfunden, den man stapeln kann, der sich also auch in Zügen und auf Dampfern gut zum Transport eignete", erzählt Adriane Dolce. Außerdem habe er ein wetterfestes, wasserabweisendes Material entwickelt, ein Leinengewebe, das mit Roggenmehl imprägniert wurde. „Louis Vuitton war ein Handwerker, der von dem Geist der Erneuerung geprägt war", sagt die Frankfurterin. „Er hat wahnsinnig gerne immer wieder viel Neues entwickelt, auch auf Anfragen. Zum Beispiel den Schrankkoffer, einen Koffer, in dem Kleider hängend transportiert werden konnten und einen extra Koffer für Flaschen", zählt sie auf. „Er hat Hunderte von verschiedenen Reisegepäckstücken hergestellt." Darunter auch einen in einen Reisekoffer umwandelbaren Sekretär. „Und nicht zuletzt hat er sogar einen Koffer entwickelt, in dem ein Bett transportiert werden konnte", schmunzelt Adriane Dolce. „Er war wirklich getrieben von diesem Geist, etwas Neues zu schaffen."

Seitdem wurde der Koffer immer weiterentwickelt und mit dem Aufkommen des Flugverkehrs in den 1970er-Jahren setzte man dann mehr und mehr auf leichtere Materialien. Und der Louis-Vuitton-Koffer? Der gilt heute auf dem Gepäckband eher als Exot – allein schon aufgrund seines Preises.

Eva-Maria Bast

Rollkoffer

Der Rollkoffer macht vielen Reisenden das Leben leichter. Gemeinhin gilt der amerikanische Pilot Robert Plath als Erfinder der praktischen Gepäckstücks. Er befestigte 1987 zwei Rollen unter seinen Koffer, um sich den Transport zu vereinfachen und erhielt so viele Nachfragen von Kollegen, die auch so einen Koffer haben wollten, dass er seinen Job aufgab und Rollkofferhersteller wurde. Tatsächlich geht die Erfindung des Rollkoffers aber viel weiter zurück. Im „Handbuch für Fußreisende" heißt es 1850: Um sich das Reisen zu erleichtern, müsse man nur „ein paar leichte Räder mit einer leichten Achse befestigen". Wer nicht schleppen wollte, steckte „den Stock in die dazu eingerichtete Achse und fährt so sein Gepäck hinter sich her, bis man wieder Luft zum Tragen bekommt". Durchsetzen konnte sich dieser „Koffer auf Rollen" im 19. Jahrhundert jedoch nicht, auch aufgrund der damaligen Bodenbeschaffenheit.

Vermutlich war nicht Plath, sondern Bernard Sadow der erste, der einen Rollkoffer baute. Die Idee kam ihm auf einem Flughafen, als er zwei schwere Koffer schleppen musste und einen Gepäckwagen erspähte. Die Idee, beides zu verbinden, war geboren. Zu Hause angekommen, machte er sich sofort an die Umsetzung. Bis sich der Koffer durchsetzte, dauerte es allerdings noch lange. Und nun kommt Plath doch noch ins Spiel: Er stattete den Koffer mit einem Teleskopgriff aus, statt wie bisher mit einem Band. Und er nutzte zwei, statt vier Rollen. Der Erfolgszug der Trolleys hatte begonnen.

*Polizeihauptkommissar Andreas Strobel setzt zur Verkehrsüberwachung
die Lichtschranke plus Fotokamera ein. Geräte, die wie früher mit
Radar messen, kommen heute so gut wie nicht mehr zum Einsatz.*

20

Radar

Wer zu schnell fährt, wird geblitzt

Sie lauert am Straßenrand und wer hineintappt, ärgert sich. Es ist kein Wunder, dass sie bei Autofahrern nicht gerade beliebt ist. Die Rede ist von der Radarfalle. Am 15. Februar 1959 setzte die Polizei in Deutschland erstmals ein mobiles Radargerät ein, das mittels elektromagnetischer Wellen die Geschwindigkeit der vorbeifahrenden Fahrzeuge überprüfte.

„Die Radarfallen, die damals die Ausmaße eines Fernsehers hatten und stolze 30 Kilo wogen, sendeten einen gebündelten Funkstrahl, der von vorbeifahrenden Wagen reflektiert wurde", weiß Andreas Strobel von der Verkehrspolizeidirektion Sigmaringen zu berichten. Der Polizeihauptkommissar ist in den Landkreisen Ravensburg, Sigmaringen, Konstanz sowie im Bodenseekreis für die Verkehrsüberwachung zuständig. „Aus den auftretenden Frequenzverschiebungen errechneten die Geräte die Geschwindigkeit. Lag diese über dem erlaubten Grenzwert, so gaben die Beamten über Polizeifunk die entsprechenden Daten an ihre Kollegen durch, die dann den Verkehrssünder anhielten."

Die Abkürzung „Radar" steht für *radio detection and ranging*, frei übersetzt „Funkortung und -abstandsmessung". Den Grundstein für die Radartechnik legte der deutsche Physiker Heinrich Rudolf Hertz (1857-1894). Am 13. November 1886 gelang es ihm, eine elektromagnetische Welle von einem Sender zu einem Empfänger im freien Raum zu übertragen. Die Strahlen wurden dabei von metallischen Gegenständen reflektiert. Damit bestätigte er im Experiment die Theorien des schottischen Physikers James Clerk Maxwell (1831-1879). Maxwell stellte bereits in den 1860er-Jahren mathematische Gleichungen auf, die das Verhalten von

„Die Radarfallen, die damals die Ausmaße eines Fernsehers hatten und stolze 30 Kilo wogen, sendeten einen gebündelten Funkstrahl, der von vorbeifahrenden Wagen reflektiert wurde."

elektrischen und magnetischen Feldern sowie ihre Wechselwirkung mit Materie beschrieben.

Zu Beginn des 20. Jahrhunderts entwickelte der deutsche Hochfrequenztechniker Christian Hülsmeyer (1881-1957) das erste funktionierende Radarsystem und nannte es Telemobiloskop. Unter der Nr. 165546 meldete der damals erst 22-Jährige am 30. April 1904 seine Erfindung in Deutschland und England zum Patent an: „Verfahren, um entfernte metallische Gegenstände mittels elektrischer Wellen einem Beobachter zu melden. Vorliegende Erfindung hat eine Vorrichtung zum Gegenstand, durch welche die Annäherung beziehungsweise Bewegung entfernter metallischer Gegenstände (Schiffe, Züge oder dergleichen) mittels elektrischer Wellen einem Beobachter durch hör- oder sichtbare Signale gemeldet wird (…)"

Zweieinhalb Wochen später stellte der junge Ingenieur das Telemobiloskop der Öffentlichkeit vor. Unter der Kölner Hohenzollernbrücke präsentierte er der Presse einen merkwürdigen Kasten, aus dem allerlei Drähte herausstanden und von dem er behauptete, dass er damit Dampfer im Nebel und bei Dunkelheit auf dem Rhein orten könne. Zur Demonstration richtete er die Antennen auf bis zu drei Kilometer entfernte Schiffe und – siehe da – die Wellen wurden an den

Vorstellung des ersten Radarmessgerätes in Konstanz am 30.06.1960.

Frachtern reflektiert und kehrten direkt in Hülsmeyers Gehäuse zurück, wo sie ein Detektor empfing. Als akustischer Beweis erklang ein Klingelton. Die Presse überschlug sich, selbst die New York Times berichtete.

Kurz darauf baute Hülsmeyer noch einen Entfernungsmesser ein, mit welchem sich der Abstand zu einem vorbeifahrenden Schiff exakt berechnen ließ. Bei der Vermarktung seines Telemobiloskops biss sich der Ingenieur allerdings die Zähne aus: Weder das Militär noch die Reedereien zeigten Interesse. Auch die neu gegründete Firma Telefunken, die Funk- und Empfangsanlagen zur Nachrichtentechnik entwickelte, erteilte ihm eine Absage.

„Damals konnten die Menschen mit einem Radarsystem nicht viel anfangen", berichtet Dr. Wolfgang Koch von der Fraunhofer-Gesellschaft in Wachtberg bei Bonn. „Offenbar glaubte man, dass sich Schiffsunglücke viel effektiver mit den akustischen Signalen der weithin hörbaren Dampfpfeifen verhindern ließen."

Hülsmeyers Erfindung geriet in Vergessenheit. Erst in den 1930er-Jahren erkannte man die militärischen Möglichkeiten, die die Radartechnik bot. Während des Zweiten Weltkriegs forschten mehrere Länder unabhängig voneinander an der Weiterentwicklung der Technologie. Vor allem Großbritannien setzte Radar zur Früherkennung feindlicher Flugzeuge ein. Aber auch in Deutschland kam der Radarstrahl zur Ortung der Bomber der Alliierten zum Einsatz. Ausgerechnet die Firma Telefunken war hier federführend.

„Nach dem Krieg wurde das enorme zivile Potential der Technologie entdeckt. Heute ist Radar aus dem Alltag und in zahllosen Anwendungen gar nicht mehr wegzudenken", sagt Koch, der gemeinsam mit

Konrad Adenauer, dem Enkel und Namensvetter des ersten Kanzlers der Bundesrepublik, der Stadt Köln sowie einem internationalen Team von Radarwissenschaftlern eine Gedenktafel für Hülsmeyer am Rheinufer anbringen lassen will. „Kurz vor seinem Tod im Jahre 1957 wurde Christian Daniel Hülsmeyer für seine Erfindung von meinem Großvater, dem damaligen Bundeskanzler, geehrt", berichtet Konrad Adenauer.

In den Wirtschaftswunderjahren, in denen sich immer mehr Deutsche ein eigenes Auto leisten konnten und die Zahl der Verkehrstoten ein erschreckendes Ausmaß annahm, brachte die Telefunken AG die Radartechnik auf die Straße. Bereits 1957 wurden erste Feldversuche mit dem Prototyp VRG-1 unternommen, um die Funktionsfähigkeit zu testen. Ein Jahr zuvor war das Gerät auf der Internationalen Polizeiausstellung in Essen präsentiert worden. Seine Weiterentwicklung, das VRG-2, ging 1958 in Serienproduktion. „Die ermittelten Daten wurden damals auf Papierrollen in Schreibern, also Messgeräte, die die elektrischen Signale aufzeichneten, dokumentiert", erzählt Andreas Strobel. „Eine Kamera mit Blitz hatten die ersten Radargeräte noch nicht."

Heutzutage wird übrigens nur noch selten mit Radar gemessen, da die Technik als fehleranfällig gilt. Die neue Laser- und digitale Messtechnik arbeitet weitaus zuverlässiger.

Polizeihauptkommissar Strobel setzt zur Ermittlung von Schnellfahrern eine Lichtschranke ein, die mit Helligkeitssensoren arbeitet. Der umgangssprachliche Name „Radarfalle" ist aber geblieben.

Manuela Klaas

Verwechselt

In den vergangenen Jahrzehnten ist der Polizei so einiges ins Visier geraten. So auch ein Sperrmüllsammler aus dem Ruhrgebiet, der ein mobiles Radargerät mitten im Einsatz vor den Augen der verdutzten Beamten demontierte und in seinen Wagen verfrachtete. Später entschuldigte sich der Mann, er habe den Kasten für eine ausrangierte Stereoanlage gehalten.

Christopher Weidner freut sich immer,
wenn er ein Streichholz entzündet.

21

Streichhölzer

Der Funke, der Erleuchtung bringt

Schon der Moment, wenn man den Streichholzkopf an die Reibefläche hält und weiß, dass das Zündholz wenige Sekunden später mit Schwung über die Fläche gezogen wird, ist auch nach dem millionsten angezündeten Streichholz noch spannend. Selbst, wenn es lang schon zur Routine geworden ist – ein bisschen Aufregung bleibt, schließlich will man sich nicht die Finger verbrennen! Auch für Christopher Weidner, der inzwischen etwa in der Mitte seines Lebens angekommen ist, ist das Entzünden eines Streichholzes immer wieder aufs Neue spannend. Er freut sich darüber wie ein kleines Kind. Das Geräusch, der Geruch, die Flamme. „Kleine Hölzchen, die in Schwefel getränkt wurden, sind wahrscheinlich schon im

6., spätestens im 9. Jahrhundert in China bekannt", sagt er. Entzündet haben sich die Hölzchen aber nur durch die Berührung mit dem Feuer. „Das heißt, es musste bereits eine Flamme vorhanden sein und dann konnte man sie mit den Zündhölzern weitertragen. Das war ähnlich dem Kienspan, mit dem schon die Germanen das Feuer von einem Ort zum anderen trugen." Ganz ungefährlich war das aber nicht, da sich das Schwefelholz jederzeit auch selbst entzünden konnte – bei großer Hitze zum Bei-

Sturm-Streichholz ca. 1930.

spiel. Auch der Zunderschwamm, ein Pilz, der sich heute noch in unseren Wäldern findet, war als ein Element bekannt, mit dem Feuer weitergetragen werden konnte. „Wenn man diesen Schwamm aufschneidet, findet sich darin eine Schicht, die ein bisschen lederig und faserig ist. Gab man dort einen Funken hinein und verschloss den Pilz gut, konnte man den Funken in seinem Innern transportieren", erklärt Weidner. Im Grunde genommen sei der Zunder und der damit einhergehende Gedanke, Feuer zu transportieren, der Vorläufer des Streichholzes gewesen. „Wir haben unser Feuer ja auch immer dabei, in Form von Zündhölzern, wenn auch nicht mehr glimmend", sagt Weidner.

Streichhölzer, wie wir sie heute kennen – also solche, die sich nicht selbst entflammen können, sondern entzündet werden müssen –, wurden allerdings erst mit der Entdeckung des Phosphors im Jahr 1669 möglich. Es war ein Hamburger, der ausgerechnet auf den hübschen Namen Henning Brand hörte, der das Element Phosphor bei seinen alchemistischen Experimenten entdeckte. „Von Beruf war er Apotheker, wodurch er auch an die entsprechenden wichtigen Subtanzen kam." Das 17. Jahrhundert, als Brand wirkte, sei die Hochphase der Alchemie gewesen. „Brand versuchte, wie viele Alchemisten, den Stein der Weisen zu finden. Und dabei kam es dann zur Entdeckung des Phosphors", erzählt Weidner. „Unter Stein der Weisen verstanden die Alchemisten eine Substanz, die in der Lage war, aus unedlen Metallen edle Metalle zu machen, sprich, aus Blei Gold herzustellen." Wie der Münchner erzählt, hatten die Alchemisten die Vorstellung, dass jedes Metall in der Erde lebendig sei, sich aber nur sehr langsam entwickle –

viel zu langsam in Menschenjahren gemessen – und dass jedes Blei irgendwann zu Gold werde, wenn man nur lange genug wartete. „Man glaubte, mit dieser Substanz könne der Reifeprozess extrem beschleunigt werden. Die Natur würde sozusagen binnen Sekunden ausgetrickst." Den Stein der Weisen hat Brand zwar nicht erfunden, aber dafür eben den Phosphor entdeckt. „Er erhitzte Urin, dadurch entstand der selbstleuchtende Phosphor", sagt Christopher Weidner. „Er hat den Phosphor gewissermaßen aus dem Urin extrahiert." Wobei das Vorgehen wegen der Entzündbarkeit des Phosphors sehr gefährlich war. „Es hätte jeden Moment in die Luft gehen können", macht der Münchner klar. Wer letztendlich den Namen Phosphor erfunden hat, sei nicht ganz sicher, sagt Weidner, aber er sei schon bald nach der Entdeckung aufgekommen und bedeute „Träger des Lichts." Für Brand war diese Entdeckung der Durchbruch. „Ein Alchemist ist auf der Suche nach dem Stein der Weisen, entdeckt aber etwas ganz anderes und ist dadurch ein gemachter Mann", fasst der Stadtführer zusammen. „Er hat seine Erfindung überall demonstriert und die Leute sind in Scharen gekommen und wollten die Substanz in Flammen sehen. Damit hat er dann auch Geld verdient." Auch zu medizinischen Zwecken habe man das Phosphor vertrieben.

1786 entdeckte der Franzose Claude-Louis Berthollet (1748-1822) das Kaliumchlorat, das Anfang des 19. Jahrhunderts in sogenannten Tunkzündhölzern verwendet wurde. Diese bestanden aus einem Holzstäbchen und hatten einen Kopf aus Kaliumchlorat, Schwefel, Zucker und Gummi arabicum. Zum Entzünden musste der Kopf in Schwefelsäure getaucht werden. „Dieser Vorgang war alles andere als ungefährlich, zum einen war die ätzende Säure eine Gefahr, zum anderen der spritzende Funkenflug", sagt Christopher Weidner.

Das moderne Streichholz wurde am 27. November 1826 vom englischen Apotheker John Walker erfunden. Er brachte die heute noch verwendete Reibung ins Spiel: Die Flamme entsteht, indem man den Kopf des Streichholzes über eine raue Oberfläche reibt. Problematisch blieb der sehr unangenehme Geruch und die Tatsache, dass die Flamme unregelmäßig brannte. 1831 kam der Franzose Charles Sauria (1812–1895) auf die Lösung. Er setzte dem Gemisch wieder Phosphor zu. „Und das reicht dann wieder Brand zur Ehre!", freut sich Weidner.

Nach wie vor bestand aber die Gefahr der Selbstentzündung. Diesem Umstand nahmen sich verschiedene Forscher in mehreren Experimenten an. 1844 wurde schließlich der „Weiße Phosphor", der für die Arbeiter in der Produktion stark gesundheitsschädigend war, durch „Roten Phosphor" ersetzt. „Weitere vier Jahre später wanderte der Phosphor aus dem Streichholzkopf auf die Reibefläche", berichtet Weidner. Rudolf Christian Boettger (1806-1881), der Genius hinter dem letzten Schritt, nutzte sein Patent aber nicht selbst, sondern verkaufte es an den Schweden Ivar Kreuger (1880-1932). Der geschickte Geschäftsmann sorgte dafür, dass er in 17 Ländern ein Zündwarenmonopol erhielt. So gewährte er auch dem Deutschen Reich ab 1930 hohe Kredite, wenn sie im Gegenzug dem Monopol zustimmten. Die spätere BRD fühlte sich noch 1983 an das Monopol aus der Weimarer Republik gebunden. Christopher Weidner erklärt: „Es dauerte eine ganze Weile, bis das Monopol fiel, diese Streichhölzer hießen Welthölzer. Ich kenne sie selbst noch aus meiner Kindheit", sagt er und ergänzt: „Damit einem damals ein Licht aufging, musste man eben zu diesem Weltholz greifen."

Eva-Maria Bast

....

Zunderschwamm

Selbst Ötzi, die über 5000 Jahre alte Gletschermumie, gefunden 1991 in den Ötztaler Alpen, trug den Zunderschwamm in seiner Gürteltasche als Funkenfänger mit sich. Der Zunderschwamm ist ein Pilz, der seinen Namen dem Umstand verdankt, dass er als Zunder genutzt wird und in der Lage ist, besonders viel Wasser zu speichern. Um einen hohen Effekt zu erzielen, unterzog man den Zunderschwamm einer aufwändigen Behandlung: Man befreite ihn von der Kruste und Röhrenschicht. Der so freigelegte Fruchtkörper wurde in Scheiben geschnitten, anschließend gekocht und getrocknet. Nach der Trocknung wurden die einzelnen Scheiben weichgeklopft, in Salpeter oder Urin getränkt und nochmals getrocknet. Schlug man nun einen Funken auf den Zunderschwamm, glomm dieser sofort und auch für lange Zeit. So entstand auch die Redewendung „Das brennt wie Zunder".

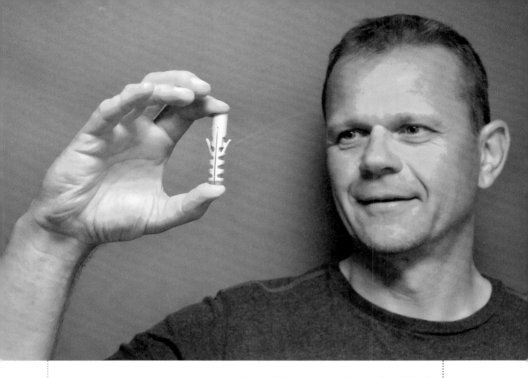

Markus Walther präsentiert das Paradeprodukt des Erfinderkönigs Artur Fischer: den Kunststoff-Dübel.

22

Spreizdübel
Fester Halt in jeder Wand

E r fehlt in keiner Werkzeugkiste und ist das Produkt von Deutschlands erfolgreichstem Erfinder: der Spreizdübel. 1958 trat das kleine graue Plastikteil seinen Siegeszug rund um den Globus an. Ohne das gezahnte Stück Kunststoff wäre so manches Regal längst von der Wand gefallen.

Über 1.100 Gebrauchsmuster und Patente gehen auf das Konto des gelernten Schlossers Artur Fischer (1919-2016). Seine berühmteste Erfindung, der Kunststoff-Dübel, umgangssprachlich auch

Fischer-Dübel genannt, revolutionierte das Heimwerken und machte den im schwäbischen Tumlingen ansässigen Betrieb Artur Fischer Apparatebau weltbekannt.

„Artur Fischer entwickelte den Universaldübel für jede Wand", sagt Markus Walther, der den Innenausbau seines Hauses in der Nähe des Bodensees selbst in die Hand nahm und sich ausführlich mit der Geschichte des schwäbischen Erfinders auseinandergesetzt hat. „Dabei erfand er nicht den Dübel an sich. Doch bis 1958 wurden Dübel aus Holz oder Metall gefertigt. Fischer setzte hingegen auf den Kunststoff Polyamid."

„Artur Fischer entwickelte den Universaldübel für jede Wand."

Der älteste Sohn des Dorfschneiders Georg Fischer und der Lohnbüglerin Pauline Fischer wuchs in bescheidenen Verhältnissen auf. Schon als Kind verspürte er den Drang, irgendetwas zu basteln oder zusammenzubauen. Dabei wurde er von seiner Mutter, die technisch selbst sehr begabt war, tatkräftig unterstützt. Mit zehn Jahren besaß der begeisterte Bastler eine eigene kleine Werkbank. Fischer war sich sicher, zum Erfinder geboren und erzogen worden zu sein. „Man muss schon früh dazu ermuntert werden, neugierig und kreativ zu sein", soll er einmal gesagt haben.

In der Realschule baute er gemeinsam mit einem Lehrer seine erste Magnetspule. Nach bestandenem Schulabschluss und einer Schlosserlehre wurde Artur Fischer zum Kriegsdienst einberufen. Als er mit 28 Jahren aus englischer Gefangenschaft heimkehrte, fand Fischer Arbeit in einem Kleinbetrieb für Reparaturen. Nur wenig später machte er in seinem Heimatort Tumlingen eine leerstehende Werkstatt ausfindig und wagte den Schritt in die Selbstständigkeit. Die nötigen Werkzeuge lieh sich Fischer von einem Nachbarn; um eine Werkbank zusammenzimmern zu können, fragte er bei Waldbauern nach Brettern. Zunächst reparierte der gelernte Schlosser defekte Elektrogeräte. Doch Neugierde und Pioniergeist ließen ihn bald zum wohl erfolgreichsten Erfinder weltweit werden.

Den ersten Verkaufsschlager erzielte er 1949 mit einem Magnesium-Blitzlichtgerät mit Verschlusssynchronisation für Fotoapparate, welches den feuergefährlichen Pulverblitz, der mit einer Schnur gezündet wurde, ablöste. Der damalige Marktführer für Blitzlichtgeräte, die Firma Agfa, sicherte sich Produktion und Vermarktungsrechte, was Artur Fischer wirtschaftlich unabhängig machte.

Ab 1957 widmete er sich der Entwicklung von Befestigungselementen. Ein Jahr später gelang ihm der Durchbruch, als er mit Feile, Säge und Bohrmaschine den ersten Prototyp des Nylon-Dübels bastelte. „Der Kunststoff hat den Vorteil, dass er aus festem Material besteht, auf Druck aber dennoch nachgibt", erklärt Markus Walther, während er einen Original Fischer-Dübel leicht biegt. „Nylon war zwar um einiges teurer als die bisher verwendeten Produkte, aber Fischer erkannte, dass es der ideale Werkstoff für diesen Zweck war."

Artur Fischer verpasste dem Dübel eine Spitze, damit er leichter in die Wand ging, und eine Spalte, die sich aufspreizt, sobald man eine Schraube hineinbohrt. Die Bohrung innen war kegelförmig, außen verliefen Zähne, die sich sowohl in hartem als auch in weichem Material festbeißen konnten. Es war die Geburtsstunde des legendären grauen Fischer-S-Dübels, der innerhalb kürzester Zeit alle bisherigen Dübeltypen vom Markt verdrängte. Später brachte der pfiffige Erfinder an den Seiten noch zusätzlich zwei Sperrzungen an, die sich im Bohrloch wie Widerhaken verankerten.

Fehlt in keiner Werkzeugkiste: der Spreizdübel.

Die Erfindung des S-Dübels machte Fischer reich und brachte ihm den Beinamen „Dübelkönig" ein. Doch er ruhte sich auf seinen Lorbeeren nicht aus. 1964 erfand er ein weiteres Produkt, das Weltruhm erlangen sollte: das berühmte Fischertechnik-Baukastensystem, mit dem Kinder noch heute anhand von Zahnrädern, Getriebeteilen und Motoren so manches über Maschinen lernen können. Ursprünglich hatte es Fischer nur als Weihnachtsgeschenk für die Kinder seiner Mitarbeiter vorgesehen.

„Viele meiner Erfindungen sind aus der Praxis heraus entstanden und fielen mir morgens unter der Dusche ein", verriet der Erfinderkönig einst. „Der Nutzeffekt ist das tragende Element jeder Erfindung. Je einfacher ein Produkt ist, umso besser begreift man es und umso anwendungsfreudiger ist es."

Artur Fischer stand noch im hohen Alter von 95 Jahren tagtäglich in seiner Werkstatt. 2014 wurde er vom Europäischen Patentamt für sein Lebenswerk ausgezeichnet. Auf die Frage, wie man eigentlich auf eine Erfindung kommt, antwortete Fischer in einem Interview: „Indem man Defizite wahrnimmt. Die zweite Voraussetzung ist, dass man sich in ein Thema einlebt, dass man nicht kennt."

Manuela Klaas

Medizinische Dübel

Loch bohren, Dübel rein, festschrauben. Das Verfahren funktioniert auch bei der Fixierung von Knochenbrüchen. Der deutsche Daniel Düsentrieb, wie Artur Fischer oft genannt wurde, entwickelte im Jahr 1970 auch Dübel für die Medizintechnik. In Kombination mit Spezialschrauben sollten sie ein Auseinanderdrücken der in einer Operation möglichst optimal ausgerichteten Knochenteile verhindern.

Auto

Viel Entschlossenheit und eine Hutnadel

Trübsinnig schauen wir aus dem Fenster, nichts geht vorwärts. Gerade in den Sommermonaten, wenn es in den Urlaub geht, verbringen viele Autofahrer Stunden in der Blechlawine. Dabei sollte das Auto doch Mobilität verleihen, ein schnelles Fortkommen von A nach B ermöglichen. Das war zumindest die Idee von Carl Benz (1844-1929), der seinen Einzylinder-Zweitakt-Motor erstmals am Silvesterabend 1879 zum Laufen brachte. Gemeinhin gilt er als Erfinder des Autos. Aber war er das wirklich? Schon rund 100 Jahre zuvor hat der Franzose Nicolas Joseph Cugnot (1725-1804) den dampfbetriebenen Vorläufer unserer heutigen Autos gebaut. „Das Kriegsministerium hatte ihm den Auftrag erteilt, ein selbstfahrendes Gefährt zum Transport von Kriegsgerät zu erfinden", sagt Andre Franz, Automechaniker aus Stuttgart, der inzwischen Kameramann ist und und als Rapper „Izzwo" faszinierende Musikvideos kreiert. Wie bei Benz hatte auch dieses „Auto" drei Räder und fuhr mit einer Geschwindigkeit von etwa 4 km/h. Auf die ganze Stunde Fahrzeit brachte es das Auto aber nicht, der Kessel, der des antrieb, reichte nur für ungefähr zwölf Minuten. „Aufgrund der schweren Lenkbarkeit verunglückte das Fahrzeug dann auf der Probefahrt", erzählt Andre Franz die kurze Geschichte des ersten Automobils weiter.

Und – man lese und staune: Auch das Elektroauto, das heute, in Zeiten des Klimawandels immer mehr im Kommen ist, wurde erfunden, bevor Benz seine Entdeckung machte! 1880 baute Gustave Trouvé (1839-1902) einen Elektromotor und einen Akku in ein Dreirad ein, das besonders leichte und robuste Metallspeichenräder benutzte, die der Brite James Starley (1830-1881) erfunden hatte. Am 19. April 1881 fuhr es in Paris seine ersten Meter. 1864 ließ sich der Elektroniker Étienne Lenoir (1822-1900) den Gasmotor patentieren. Angeblich soll er selbigen in ein Fahrzeug eingebaut haben und damit von Paris nach Joinville-le-Pont gefahren sein. Mehrere Erfinder haben sich in der Folge des Themas angenommen, einer von ihnen ist Nicolaus August Otto (1832-1891),

Der gelernte Automechaniker Andre Franz ist inzwischen Kameramann und kreiert als Rapper „Izzwo" faszinierende Musikvideos.

Zeitgenössische Darstellung des Auftankens an einer Apotheke in Wiesloch. Die Stadt-Apotheke gilt als erste Tankstelle der Welt, da Bertha Benz dort den nötigen Treibstoff Ligroin kaufte.

der sich 1877 seinen Viertakter patentieren ließ. Die Patente wurden ihm allerdings schlussendlich wieder aberkannt, weil andere bereits vor ihm ähnliche Motoren zum Patent angemeldet hatten und es zu einem Rechtsstreit kam. Und nun kommt endlich Benz ins Spiel: Am 29. Januar 1886 erhielt er für sein Fahrzeug mit Verbrennungsmotor das Patent und tat damit einen weiteren wichtigen Schritt auf dem Weg zu unseren heutigen Autos, dicht gefolgt von den Motorkutschen, die Gottlieb Daimler (1834-1900) und Wilhelm Maybach (1846-1929) auf den Markt brachten.

Die erste Überlandfahrt im Benz'schen Wagen absolvierte jedoch Bertha Benz mit ihren beiden Söhnen 1888. Bei Nacht und Nebel brachen die drei auf, um zu beweisen, dass das Auto zu Überlandfahrten durchaus in der Lage war. Als ihr auf einer Spritztour nach Pforzheim das Benzin ausging, hielt sie an einer Apotheke und kaufte Waschbenzin: Die Apotheke als erste Tankstelle war geboren. Eine verstopfte Benzinleitung reinigte Bertha Benz mit ihrer Hutnadel und als der Keilriemen riss, setzte sie ihr Strumpfband ein.

Eva-Maria Bast

Leonardo da Vinci

Der geniale Künstler und Erfinder hat bereits im Jahr 1478, im Alter von 26 Jahren, eine Skizze angefertigt, die ein Automobil aus Holzzahnrädern und Federn zum Inhalt hatte und die in der Handschriften-Sammlung des Codex Atlanticus zu finden ist. Ein kleiner Schönheitsfehler: Man baute die Modelle zwar immer wieder nach, als fahrtüchtig erwiesen sie sich jedoch nicht. Im Jahr 2004 gelang es dem Museum für Wissenschaftsgeschichte in Florenz dann aber, ein fahrtüchtiges Modell nachzubauen. Vorangehende Versuche seien daran gescheitert, dass man die Skizzen nicht richtig zu lesen verstanden habe, hieß es seitens der Wissenschaftler.

Bei schönem Wetter rollt Klaus Kothes den grünen Filzrasen auch mal im Garten aus.

24

Tipp-Kick
Fußball im Kleinen

Mit drei Fingern fixiert Klaus Kothes die Standplatte auf dem Spielfeld aus Filz, visiert den gegnerischen Torraum an und drückt mit dem Zeigefinger auf den kleinen roten Knopf am Kopf des Spielers. Das rechte, bewegliche Bein der Figur schnellt vor, der Ball landet im Tor.

Klaus Kothes ist großer Fußballfan. Der in Moers lebende Elektriker verpasst kein Spiel seines Lieblingsvereins Schalke 04. Doch genauso wie eine echte Torschlacht begeistert ihn das Fingerfußballspiel Tipp-Kick. Nach Feierabend spielt er mit Freunden des Öfteren eine Partie auf

Das Design der ersten Tipp-Kick-Schachtel, die von 1923 bis 1944 verkauft wurde.

dem heimischen Küchentisch. „Beim Tipp-Kick kommt es ebenso wie in einem echten Fußball-match auf Konzentration, Reaktionsvermögen und Taktik an", sagt er. „Nur, dass ein Spiel nicht 90, sondern zehn Minuten dauert." An einem dieser Abende kam die Frage auf, wer Tipp-Kick erfunden habe. Und so begann der Fußballfan zu recherchieren. „Bei meinen Nachforschungen stieß ich auf den Stuttgarter Möbelfabrikanten Carl Mayer. Er erhielt am 15. September 1921 das Reichspatent mit der Nummer 387569 für ein Fußballbrettspiel", berichtet der Elektriker. „Damals war das eine Blech-figur, deren Fuß genau wie heute auf Knopfdruck bewegt wurde. Der Ball bestand aus einem zweifarbigen Korkwürfel. Allerdings war die Blechfigur anfangs viel zu leicht, wodurch das Zielen nicht einfach war."

Im Jahr 1924 erwarb der Schwenninger Exportkaufmann Edwin Mieg (1890-1948) das Patent und gründete noch im selben Jahr eine eigene Firma. Kurz darauf optimierte er die Figuren, indem er sie aus Blei gießen ließ. „Bereits 1926 stellte Edwin Mieg Tipp-Kick auf der Leipziger Spielwarenmesse vor. Nun ja, wenn man es genau nimmt, nicht auf, sondern vor der Messe", berichtet Klaus Kothes augenzwin-kernd. „Mieg verfügte noch nicht über die nötigen finanziellen Mittel, um einen Messestand mieten zu können. So baute er sein Spiel kur-zerhand auf dem Treppenabsatz vor dem Halleneingang auf."

Viele Besucher blieben interessiert stehen und spielten eine Partie. Nach kurzer Zeit bildeten sich größere Zuschauertrauben, was von den Wachleuten keineswegs unbemerkt blieb. „Mieg wurde verscheucht, was ihn aber wenig beeindruckte", erzählt der begeisterte Tipp-Kick-Spieler. „Er ging einfach zum nächsten Eingang und packte dort sein Spiel wieder aus." Nach wenigen Messetagen hatte der hartnäckige Unternehmer bereits mehrere 100 Spiele verkauft.

Vielleicht erfreut sich das Spiel bis heute so großer Beliebtheit, weil es simpel ist. Das Regelwerk, das Carl Mayer zu Beginn der 1920er Jahre erdacht hatte, wurde seither nicht geändert: Noch immer ist das Spiel auf einen Kicker sowie einen Torwart pro Mannschaft reduziert. Gespielt wird mit einem zwölfeckigen, zweifarbigen Ball. Vor dem Anpfiff wird festgelegt, wer bei welcher Ballfarbe schießen darf. Ein

Spiel dauert zweimal fünf Minuten, die Dauer kann jedoch auch frei vereinbart werden. Je nach Spielsituation können drei verschiedene Feldspieler eingesetzt werden. Auf dem Platz ist jedoch immer nur ein Kicker erlaubt und der Ball darf – außer vom Torwart – nicht geschoben werden. Wie im richtigen Fußball gibt es Abstoß-, Eckball-, Abwehr-, Einwurf-, Elfmeter- und Freistoßregeln.

Ab 1938 konnten die Spielfiguren endlich in der eigenen Fabrik gegossen werden. Diese ließ Edwin Mieg in der Hardtstraße 21 in Schwenningen am Neckar errichten. Im Zweiten Weltkrieg war es jedoch schwierig, an das Schwermetall Blei zu kommen. Deshalb wurden die Spielfiguren fortan aus Zinn gegossen. Als der Unternehmer 1948 starb, übernahmen seine Söhne Peter (1924-1991) und Hansjörg Mieg (1931-2014) die Firmenleitung.

„Der Durchbruch für Tipp-Kick kam 1954, als die Deutschen im Berner Wankdorfstadion Weltmeister wurden", berichtet Klaus Kothes. „60 Millionen Menschen waren im Fußballfieber vereint. Viele wollten die wichtigsten Szenen des Endspiels mit den Spielfiguren nachstellen."

Noch im Weltmeisterschaftsjahr 1954 entwickelte Peter Mieg gemeinsam mit dem Betriebsleiter Franz Rusch (1929-2008) einen fallenden Torwart aus Kunststoff. Auf Knopfdruck streckte sich dieser in die linke oder rechte Torecke. Auch die Bälle und Tore werden seit 1954 aus Kunststoff hergestellt. „Bis heute wird jede einzelne Spielfigur von Hand montiert und bemalt", sagt Klaus Kothes und positioniert seinen Spieler erneut auf dem grünen Filz.

Manuela Klaas

....

Tipp-Kick-Liga

1938 gründete die Tisch-Fußball-Gemeinschaft Hildesheim den ersten Tipp-Kick-Verein. 21 Jahre später wurde die erste Deutsche Einzelmeisterschaft unter der Schirmherrschaft der Firma Mieg auf eigens dafür geschaffenen Turniertischen ausgetragen. Heutzutage wird Tipp-Kick, ebenso wie Fußball, in Ligen gespielt. Auch hier gibt es eine Bundesliga. Die Mannschaften bestehen aus jeweils vier Spielern.

25

Briefmarke

Ein kleines, aber wertvolles Stück

9,5 Millionen Dollar für ein winziges Stück Papier. Die „British Guiana 1c magenta" ist die teuerste Briefmarke der Welt, andere Seltenheiten aus der Welt der Philatelie sind etwa die „Blaue Mauritius" oder die „Rote Mauritius". Doch abgesehen von ihrer Sammeleignung hat die Briefmarke eine interessante Geschichte. Denn vor ihrer Einführung wurde ein Brief oder ein Paket erst bezahlt, wenn der Empfänger es erhielt. Das hatte mehrere Gründe: Zum einen wollte der Absender kein Geld geben, wenn er überhaupt nicht wusste, ob und in welchem Zustand das Postgut ankam, zum anderen stellte es sicher, dass das Postunternehmen besonders schnell und sorgfältig arbeitete, da es ja erst entlohnt wurde, wenn die Postsache heil beim Empfänger eintraf. „Das Bezahlen erst beim Empfang war aber umständlich und daher gab es schon im 17. Jahrhundert Versuche, dass der Absender die zu zahlende Gebühr entrichtete", sagt Willi Dürrnagel, der selbst Tausende Postkarten aus seiner Heimatstadt Würzburg sein Eigen nennen darf und dadurch schon unzählige verschiedene Briefmarken gesehen hat. Vorläufer der Briefmarke seien zum Beispiel die „billet de port payé" des Pächters der Pariser Stadtpost, Jean-Jacques Renouard de Villayer (1607-1691) gewesen, schildert der Heimatforscher. „Der Zettel, der als Quittung für die Bezahlung an das Poststück angebracht werden musste, hatte aber noch keine Klebefläche und wurde deshalb entweder mit Faden oder Klammern befestigt. Das war im Jahr 1653." Auch Briefkästen für die frankierte Post ließ der Franzose aufstellen. Es gab in der Folgezeit in verschiedenen Längern, zum Beispiel in England, immer wieder Systeme mit Stempeln und vorfrankiertem Papier. Die erste „Ganzsache", also ein im Voraus bezahlter Beleg mit aufgedruckter Freimachung, gab es in Sidney 1836 mit den sogenannten „letter sheets". Als offizielles Geburtsjahr der Briefmarke, die aufgeklebt wurde, gilt das Jahr 1840 im Vereinigten Königreich. „Die Marke war einen Penny wert und

Briefmarken- und Brieftaubenfreunde vereint. Willi Dürrnagel, Harald Herbach und Franz-Josef Page (v.li.) haben herausgefunden, dass sogar Briefe, die mit Brieftauben transportiert wurden, mit Marken versehen wurden.

wurde ‚One Penny Black' genannt", hat Willi Dürrnagel herausgefunden. Der Mann, der für die Einführung der Briefmarke verantwortlich ist, war Sir Rowland Hill (1795-1879), der eine Denkschrift zur Reformierung der britischen Post an die Regierung sandte. Im Kern ging es ihm darum, ein festgelegtes Porto einzuführen, das nicht der Empfänger, sondern der Absender zu entrichten hatte. Bis dahin waren die Gebühren für die Beförderung vom Postboten individuell festgelegt worden. Und um nachzuweisen, dass die Gebühr auch wirklich bezahlt worden war, empfahl er aufklebbare Nachweise – Briefmarken. „Zunächst hat man ihn ausgelacht", sagt Willi Dürrnagel, „aber nach zwei Jahren ging sein Vorschlag dann doch durch und im Sommer 1839 verabschiedete man das ‚Penny Porto Gesetz'." Es galt ab dem 10. Januar 1840.

Der Schwarze Einser – die erste Briefmarke herausgegeben in Deutschland, 1. November 1849.

Nachdem sie im Vereinigten Königreich eingeführt war, zog die Briefmarke ihren Siegeszug durch die Welt an. In den USA, Brasilien und den Schweizer Kantonen Zürich und Genf wurden Lokalmarken eingeführt und „in Deutschland gab das bayerische Königreich am 1. November 1849 die ersten Briefmarken heraus", sagt Dürrnagel. Zunächst waren die Wertmarken an einem Stück auf Papier gedruckt und mussten mit der Schere auseinandergeschnitten werden. Erst in den 1850er-Jahren ging man dazu über, die Briefmarken auf den Druckbögen durch Perforierungen voneinander zu trennen, die typische Zahnung am Rand entstand. Durch die Perforierung konnten einzelne Briefmarken leichter voneinander getrennt werden, etwa durch regelmäßige Einstiche im Papier, oder Zähnung, wie man sie heute findet. War zu Beginn meist ein Monarch abgebildet, fanden sich bald verschiedenste Motive auf den Briefmarken, auch wurde das Wertzeichen etwa zu Propagandazwecken benutzt.

Heutzutage werden Briefmarken fast nur noch im privaten Versand von Briefen verwendet. Im geschäftlichen Sektor nutzen Großkunden oft die DV-Freimachung, die Daten-Verarbeitungs-Freimachung, bei der Unterlagen, Entgeltabrechung und Versandplan elektronisch erstellt werden. Auch gibt es Barcodes, die eingescannt und elektronisch abgerechnet werden.

Der Briefmarke wird schon lange ein Aussterben prophezeit, doch wie es aussieht, scheint das bei Philatelisten begehrte Stück doch noch weiter auf Postsendungen und in Alben zu landen. Auch Willi Dürrnagel versendet neben unzähligen E-Mails noch gerne handgeschriebene Briefe mit aufgeklebten Marken. Und wenn er welche erhält, freut er sich umso mehr, denn: „Das ist einfach etwas Besonderes.“

„Der Zettel, der als Quittung für die Bezahlung an das Poststück angebracht werden musste, hatte aber noch keine Klebefläche (...)..“

Eva-Maria Bast

....

Brieftaube

Eine ganz besondere und romantische – heute allerdings nicht mehr intakte – Form der Briefbeförderung ist der Transport mit der Brieftaube. Schon in der Antike haben Perser, Römer, Griechen und die Mogule in Indien Brieftauben zur Kommunikation verwendet. Man setzte sie in Krieg und Frieden ein. In Würzburg gibt es noch einen aktiven Brieftaubenverein, dem Franz-Josef Page und Harald Herbach vorstehen. „Brieftauben fliegen immer nur aus der Fremde in ihre Heimat, das heißt, sie können nur in diese Richtung eingesetzt werden“, erklärt Franz-Josef Page das Prinzip. Und Harald Herbach ergänzt, dass es sogar für die Brieftauben Marken gab: Sie sind dreieckig und das darauf abgebildete Motiv ist, wie könnte es anders sein, eine Brieftaube.

Auf den Alleskleber in der gelb-schwarzen Tube möchte Petra Lentes-Meyer nicht verzichten.

26

Alleskleber

Ein Vogel stand Pate

„Im Falle eines Falles klebt UHU wirklich alles." So lautete der Slogan aus dem Jahr 1948 für eine glasklare Erfindung – den Alleskleber. Noch heute steht die Marke UHU als Synonym für Klebstoff in Tuben. Es gibt nur wenige Namen, die für eine ganze Produktgattung gelten, doch der des durchsichtigen Bindemittels ist einer davon.

Viele Menschen kennen UHU aus ihrer Kindheit. So auch die Kölner Stadtführerin Petra Lentes-Meyer, die das Produkt in ihrem Alltag vielfältig benutzt: „Eigentlich klebe ich alles damit: zerbrochene Tassen, alte Papierfotos in Alben und meine Karnevalshüte. Als Kind habe ich viel mit UHU gebastelt oder im Kunstunterricht Collagen montiert."

Weil Petra Lentes-Meyer das Produkt häufig verwendet, fragte sie sich irgendwann, wer den Klebstoff eigentlich entwickelt hat. Bei ihren

Recherchen stieß die Stadtführerin schnell auf den Apotheker August Fischer (1868-1940) aus Bühl im Schwarzwald. Bereits 1905 erwarb Fischer in seiner Heimatstadt die kleine chemische Fabrik Ludwig Hoerth, die seit 1884 Büro- und Farbmaterialien herstellte. „Wie viele Familienunternehmen an der Grenze zum Elsaß und zu Lothringen, verlor August Fischer nach dem Ersten Weltkrieg jedoch den Absatzmarkt für seine Produkte an Frankreich", erzählt die Stadtführerin. „Allerdings brachte er genau die Voraussetzungen mit, die schon manchen Erfinder zum Millionär gemacht hatten: Er kam aus dem Schwarzwald, war Apotheker und tüftelte gerne." Also überließ Fischer seinem ältesten Sohn Hugo (1900-1964) die Firmenleitung und zog sich selbst ins Labor zurück, um an seinen Ideen zu feilen. Zu jener Zeit braute man Leim noch aus abgekochten Knochen und Tierresten. Um diese Mixtur zu verkleben, musste das Ganze warmgehalten werden. Oder man nahm Fischleim. „Ihn konnte man kalt verarbeiten", weiß Petra Lentes-Meyer, „aber er stank fürchterlich." August Fischer wollte etwas Neues, etwas, das unkompliziert und einfach zu handhaben war. Es dauerte ganze acht Jahre, bis er den ersten gebrauchsfertigen Klebstoff aus Kunstharz entwickelt hatte. Sein Sohn Hugo, das

August Fischer, der Erfinder des Allesklebers.

Marketinggenie des Unternehmens, schickte fünf Jahre lang Proben des Klebers an 36.000 Schulen in Deutschland und sorgte dafür, dass das Produkt in den Regalen der Schreibwarenhandlungen vorrätig lag.

Jedes Kind kannte innerhalb kürzester Zeit die gelbe Tube mit der schwarzen Schrift: UHU. Benannt nach einem Vogel, so wie es in der Schreibwarenbranche damals üblich war: Man denke an Pelikan, Marabu, Schwan und Greif. Auch August Fischer schloss sich der Tradition an. Dabei bezieht sich der Name des Kunstharzklebers nicht etwa auf spezielle Eigenschaften des Uhus. Fischer wählte ihn aus, weil der Vogel am Produktionsstandort Bühl heimisch war.

„Die Erfindung des neuartigen Flüssigklebers kam einer Revolution gleich", berichtet Petra Lentes-Meyer begeistert. „Er verklebte verlässlich und dauerhaft alle zur damaligen Zeit bekannten Materialien. Und die Klebestellen hielten nicht nur, sie waren elastisch, wasserfest, säurefrei und beständig gegen verdünnte Säuren, Laugen, Benzin und Öl. Dadurch, dass die Masse durchsichtig war, gehörten auch unschöne Kleberänder der Vergangenheit an." Der neue Klebstoff hatte noch einen anderen Vorteil: Er klebte nicht nur Papier, Pappe, Holz, Stoff, Leder, Keramik, Porzellan, sondern auch Kunststoffe, die immer häufiger in deutschen Firmen eingesetzt wurden. Daraus resultierte der Name Alleskleber. Gerade die Elastizität des Werkstoffs bewährte sich bei der Verklebung von flexiblen Materialien. Der Herstellungsprozess wurde 1934 durch die Anschaffung vollautomatischer Tubenfüll- und Verschließmaschinen am Fließband rationalisiert. Damals liefen 1000 Tuben pro Stunde vom Band. Zuvor mussten die Tuben von Hand verschlossen und in die Faltschachteln gesteckt werden.

„August Fischer produzierte seinen Kleber im Familienbetrieb", erzählt Petra Lentes-Meyer. „Hier agierten insgesamt fünf Mann – jeder war für alles zuständig. Doch lediglich der Senior, sowie sein Sohn und der Produktionsleiter kannten das Geheimrezept des Klebstoffs, das bis heute nur unwesentlich verändert wurde. Allein die Lösungsmittel wurden ausgetauscht. Seither wird der Alleskleber in unveränderter Form produziert."

Doch die Kölner Stadtführerin weiß noch mehr zu berichten: „Auch die Inneneinrichtung des legendären Luftschiffs Hindenburg wurde mit UHU verklebt. Dass der Zeppelin 1937 über Lakehurst im amerikanischen Bundesstaat New Jersey in Flammen aufging, ist jedoch nicht dem Alleskleber zuzuschreiben", fügt sie augenzwinkernd hinzu.

Manuela Klaas

Erster Kleber

Geklebt wurde schon vor 120.000 Jahren. Bei der Ausgrabung eines altsteinzeitlichen Lagerplatzes nahe Jülich fanden Wissenschaftler im Jahr 2010 den ältesten Kleber Mitteleuropas. An Feuersteinklingen konnten sie deutlich sichtbare Reste von Birkenpech nachweisen.

Jörg Gläser bei der Arbeit: Steckdosen einzubauen ist sein täglich Brot.

27

Steckdose

Die Sache mit den Stiften

D ie Steckdose? Ist heute gefragter denn je. Es soll Menschen geben, die ihren Gesprächspartner, wenn sie diesen in seinem Büro oder zu Hause aufsuchen, als erstes nach einer Steckdose fragen, um ein bisschen Saft ins stark frequentierte Smartphone zu bekommen. „Entschuldigung, darf ich mal Ihre Steckdose benutzen?" hat die Toilettenfrage bei Besuchsantritt vermutlich fast überholt. „Erfunden hat sie – als Vorstufe der heutigen Form – Albert Büttner im Jahr 1925", erzählt der Elektriker Jörg Gläser.

Er befasst sich aus beruflichen Gründen tagtäglich mit Steckdosen, sie einzubauen ist für ihn so normal wie für andere Leute das Benutzen derselben.

Wer vor der Erfindung der heute gängigen Steckdose (samt Stecker) Geräte mit Strom versorgen wollte, musste sich an der Lichtleitung bedienen. Für das elektrische Bügeleisen zum Beispiel wurde ein sogenannter „Stromdieb" in die Fassung der Lichtleitung eingeschraubt, mit dem man gleichzeitig die Glühbirne , aber auch bis zu zwei andere Geräte betreiben konnte. „Diese einfache Steckverbindung bestand aus zwei isoliert verkleideten Hülsen, die mit der Stromleitung verbunden waren. Sie nahmen den Stecker auf, der dementsprechend zwei metallene Stifte besaß, die dann in die Hülsen gesteckt wurden und so den Stromkreis zum Verbraucher schlossen", erläutert Gläser. „Dieb" heißt das Gerät, weil damals noch pauschal mit einer Lichtquelle je Raum der Strom abgerechnet wurde. Daher bezahlte der Benutzer, obwohl er mehr verbrauchte, nur für die Lichtquelle, nicht aber für – in unserem Fall – das Bügeleisen. Da die Leitungen jedoch für höhere Strommengen nicht ausgelegt waren, kam es zwangsläufig zu Unfällen durch Überhitzung, zu Bränden und wegen des unzureichenden Griffschutzes zu Stromschlägen. Mit zunehmender Elektrifizierung istallierte man Stromzähler und die „Stromdiebe" wurden obsolet.

Diese Steckdosen sind aus Bakelit. Um die 1930er Jahre wurde der Kunststoff zur Herstellung unzähliger Haushaltsgegenstände verwendet.

Als Steckdosen weiter verbreitet waren, weil immer mehr elektrische Geräte erfunden wurden, die zum einen klein genug für den Haushalt und zum anderen erschwinglich genug für den Durchschnittshaushalt waren, gab es ein Problem. „Es war damals noch nicht vorgeschrieben, dass Geräte geerdet werden mussten. Daher konnte es unter Umständen dazu kommen, dass bei Defekten entweder an der Steckdose, dem Stecker oder dem Gerät, Menschen einen Schlag bekamen", erzählt der Elektriker. Das änderte sich mit eben jenem Albert Büttner im Jahre 1926. Er entwickelte einen Stecker, der, bevor die leitenden Stifte die stromführenden Hülsen der Steckdose erreichen, bereits über einen anderen Stift die Erdung herstellt und somit Funkenschlag und andere Fehler selbst im Gerät nicht zum Stromschlag führen können. Allerdings war Büttner mit seiner Erfindung nicht wirklich erfolgreich, sie verkaufte sich nur schlecht, war sie doch weitaus teurer als herkömmliche Stecker und Steckdosen. Die endgültige Version des Steckers und damit der Steckdose stammt von Wilhelm Klement, Chefingenieur von Siemens, aus dem Jahr 1929. Er griff Büttners Ideen auf, ließ aber den Erdungsstift seitlich in Versenkungen als Streifen ein. Damit konnten nur noch geerdete Stecker eingesteckt werden. Der Verbreitung dieses Systems half vor allem auch, dass der Energieversorgungskonzern RWE es 1930 zum Standard für seine Stromverbindungen in Haushalten machte.

Seitdem bekommt jemand, der den Stecker in die Dose steckt, nur noch selten eine gewischt. Und wenn doch, sind Elektriker wie Jörg Gläser schnell zur Stelle, um die Sicherheit der Dose zu überprüfen.

Eva-Maria Bast

Steckdosen in aller Welt

Zwei Löcher, drei Löcher, eckig, rund: Mehr als 13 verschiedene Steckertypen besiedeln den Globus. In manchen Ländern gibt es gleich mehrere Steckerarten, Spitzenreiter sind die Malediven mit insgesamt sechs Dosentypen! Während es die uns bekannte Steckdose in den meisten europäischen Ländern gibt, sollte der deutsche Reisende beispielsweise nach Kuba, Costa Rica, Thailand oder Haiti nicht ohne Adapter in den Flieger steigen: Hier ist der eckige Steckdosentyp A geläufig. Grob lässt sich sagen, dass der uns bekannte C-Typ in den meisten europäischen Ländern verwendet wird, in den USA der eckige Typ A. Asien ist für die gesamte Bandbreite der Steckertypen offen. Sich vor Reiseantritt über die vor Ort gängigen Steckdosentypen zu informieren, sei empfohlen.

Tobias Meyer findet den Klettverschluss ungemein praktisch. In seiner Freizeit trägt er auch heute noch lieber Schuhe mit Klettverschluss als mit Schnürsenkeln.

28

Klettverschluss

Abgeschaut bei Mutter Natur

R atsch! Dieses Geräusch kennt jeder. Es entsteht, wenn man einen Klettverschluss öffnet. Aus unserem Alltag ist das praktische Utensil kaum noch wegzudenken: Jackenaufschläge, Babywindeln, Skihandschuhe und vieles mehr hält er zusammen. Doch wer weiß beim Schuhe schließen heute noch, dass das Prinzip mit Haken und Ösen ursprünglich der Natur abgeschaut wurde?

„Zu verdanken haben wir den Klettverschluss einem Schweizer Ingenieur", erzählt Tobias Meyer. Der Bremer Journalist trägt heute noch lieber Schuhe mit Klettverschluss als mit Schnürsenkeln – aus praktischen Gründen. Wirklich hinterfragt hat er das Prinzip aber nie. Bis er sich in der Vorbereitung für eine Artikelserie mit technischen Errungenschaften auseinandersetzen musste, deren Vorbilder in der Natur liegen. Denn genau hier fand der passionierte Schweizer Jäger Georges de Mestral (1907-1990) im Frühjahr 1941 die Inspiration für seine Erfindung. Als bei einem Waldspaziergang Mestrals Hund nach langem Streunen aus dem Unterholz auftauchte, wollte der Ingenieur die kleinen widerspenstigen Klettsamen, die sich im Fell des Tieres verfangen hatten, entfernen. Nur mühsam gelang es ihm, die stacheligen

> *„Durch einfaches Abziehen lässt sich die Klettverbindung beliebig oft lösen. Versucht man jedoch, die Bänder auf andere Weise zu trennen, halten tausend Häkchen enormen Kräften stand."*

Kugeln heraus zu zupfen. Neugierig geworden untersuchte Mestral die Samenkugeln genauer. Was er entdeckte, faszinierte ihn: An den Enden befanden sich viele kleine elastische Häkchen, die hartnäckig an Oberflächen hafteten. Spontan reifte in ihm der Entschluss, dieses Prinzip nachzuahmen.

Doch es sollte sieben Jahre dauern, ehe es ihm gelang, ein Verschlussprinzip zu entwickeln, das auf einfache Weise zwei Gewebe reversibel miteinander verband. Dabei imitierte das eine Band die elastischen Häkchen der Klette, das zweite bestand aus winzigen Schlingen, ähnlich dem Hundefell. Durch Aufeinanderdrücken verhakten sich beide Flächen. Riss man sie wieder auseinander, wurden sie getrennt, ohne dabei beschädigt zu werden.

„Das Funktionssystem ist wirklich simpel", bestätigt Tobias Meyer. „Durch einfaches Abziehen lässt sich die Klettverbindung beliebig oft lösen. Versucht man jedoch, die Bänder auf andere Weise zu trennen, halten Tausende Häkchen enormen Kräften stand."

Nach zahlreichen Versuchsreihen meldete Mestral den ersten Klettverschluss unter dem Namen „Velcro" 1951 in der Schweiz zum Patent an. Die beiden Silben leiten sich aus den französischen Wörtern

„vel(ours)", Flauschband, „und cro(chets)", Häkchen, ab. Velours ist ein Gewebe mit aufgeschnittenen Schlingen, die rechtwinklig von der Textilie abstehen. Laut Patentschrift war zunächst vorgesehen, beide Klettstreifen gleich – und zwar ausschließlich mit Häkchen – zu gestalten. Bis heute werden Klettverschlüsse aus Polyamid und Polyesterfasern hergestellt.

Anfangs war der neuartige Verschluss für den Durchschnittskunden noch zu exotisch und auch zu teuer. Verwendet wurde er zunächst nur für Kleidung und Möbelbezüge. Doch dann entdeckte die Raumfahrtbehörde NASA die Vorteile des textilen Chemiefaserstreifens und stattete die Astronauten der Apollo-Missionen damit aus. Sie konnten so Materialien, die in der Schwerelosigkeit durch die Luft schwebten, in Reichweite fixieren. Dies verschaffte dem Klettverschluss die benötigte Popularität.

Heute ist die Firma Velcro Industries, die Mestral bereits kurz nach der Entdeckung des Klettprinzips im Jahr 1941 gründete, immer noch weltweit marktführend im Bereich Verschlusslösungen.

„Mittlerweile arbeiten Bioniker an wenig verschmutzenden und lautlos zu öffnenden Klettverschlüssen der zweiten Generation", weiß Tobias Meyer zu berichten. „Wenn sie auf den Markt kommen, ist es mit dem charakteristischen Geräusch, das wir mit einem Klettverschluss assoziieren, vorbei."

Manuela Klaas

Wie reinigt man einen Klettverschluss?

Will der Klettverschluss nicht mehr so recht halten, muss man ihn nicht gleich ausmustern. Wenn sich Verunreinigungen zwischen den Häkchen festgesetzt haben, dann lassen sie sich mit einer Drahtbürste oder einem stabilen Kamm entfernen. Sind die Häkchen des Klettverschlusses nach unten gebogen, hilft es manchmal, mit einem Messer gegen die Häkchen zu streichen und sie so wieder aufzurichten.

Dr. Magdalena Bayreuther neben einem ausgestellten
Sattel der ersten Hälfte des 18. Jahrhunderts im
Münchner Marstall-Museum, in dem sie arbeitet.

29

Sattel

Spiegel der Gesellschaft

Der Duft nach Leder, das vorsichtige Platzieren des Sattels auf den sauber geputzten Pferderücken, das leise Knarzen des glatten Materials während der Bewegung – all dies gehört für jeden Reiter, der das Glück dieser Erde ja bekanntlich auf dem Rücken der Pferde findet, zum Alltag. Auch Dr. Magdalena Bayreuther ist begeisterte Reiterin – und obendrein noch Historikerin. Deshalb hat sie sich ausgiebig mit der Geschichte des Reitens befasst – auch mit der Entstehung des Sattels. „Die beginnt eigentlich schon vor vielen Jahrtausenden mit Decken und Fellen, die

111

auf dem Pferderücken lagen und wahrscheinlich mit einem Gurt fixiert wurden", beginnt sie zu erzählen. Dann entstand der sogenannte Bocksattel aus zwei Brettchen, die rechts und links am Pferd anlagen. Man konnte darauf wunderbar Gepäck transportieren. Später wurden diese Sättel dann mit Kissen und Decken zu Sitzsätteln umfunktioniert.

Die Erfinder des ersten Satteltyps im heutigen Sinne seien die Kelten gewesen, sagt Magdalena Bayreuther. „Sie haben den sogenannten Hörnchensattel entwickelt. Das ist ein Sattel, der, wie der Name schon sagt, vorne und hinten mit zwei haltgebenden Hörnchen ausgestattet war. Im Grunde ist das der Vorläufer der späteren Zwiesel."

Ein Sattler bei der Arbeit um 1568.

Als Vorder- und Hinterzwiesel werden die bogenförmigen Begrenzungen an der Sitzfläche des Sattels bezeichnet, deren Form und Höhe im Laufe der Jahrhunderte stark variierte. Das Erfolgsmodell Hörnchensattel jedenfalls übernahmen die Römer um 250 n. Chr. von den Kelten. „Und nun kommt etwas, das ich ebenso spannend wie logisch finde", fährt die Historikerin fort: „Sättel waren immer ein Spiegel der Gesellschaft und der militärischen Entwicklung. Sie wurden natürlich vor allem von der Kavallerie genutzt und deshalb haben sie sich auch immer an die jeweiligen Kampfstile im Militär angepasst." Der Hörnchensattel sei zum Beispiel vom 1. bis zum 4. Jahrhundert n. Chr. der gängige Militärsattel gewesen, bevor es in der Spätantike in Rom zur Entwicklung bogenförmiger Vorder- und Hinterzwiesel kam.

Eine extrem hohe Ausformung der Vorder- und Hinterzwiesel wurde Ende des 12. Jahrhunderts vor allem in Frankreich modern. „Diese Art von Sätteln nannte man dann auch Lehnstuhlsattel, weil sie am Hinterzwiesel noch mit einer Art Ohren ausgestattet waren, die Halt um die Hüfte geben sollten." Auch das habe militärischen Zwecken gedient und mehr Stabilität bei Angriffen mit der Lanze oder ähnlichen Geräten geboten. „Man konnte vom Gegner nicht so leicht aus dem Sattel katapultiert werden", erklärt die Spezialistin. In der Renaissance- und Barockzeit wurde das Reiten immer mehr zu einer Kunst verfeinert – parallel zur Ausformung einer prächtigen, repräsentativen Hofkultur. Im Rahmen der Entstehung dieser Reitkunst habe sich dann wiederum ein neuer, dem Zweck angepasster Sattel entwickelt, der sogenannte Schulsattel. Er zeichnet sich dadurch aus, dass er mittelhohe, relativ eng beieinanderliegende Vorder- und Hinterzwiesel und außerdem Pauschen hinter dem Oberschenkel hatte. „Dadurch war die Lage des Oberschenkels vorgegeben, sodass man einen sehr sicheren Sitz hatte", sagt Magdalena Bayreuther. Obendrein war dieser Schulsattel mit einem Knauf ausgestattet, an dem man sich festhalten konnte, wenn das Pferd die schwierigen Kunstsprünge wie Levade oder Kapriole ausführte.

Im Laufe des 18. Jahrhunderts kam ein sehr flacher Sattel auf, der fast keine Vorder- und Hinterzwiesel hatte. „Das ist der Vorläufer unseres heutigen englischen Sattels", erzählt Magdalena Bayreuther. „Und das hat auch wieder etwas mit der gesellschaftlichen Entwicklung zu tun. In der zweiten Hälfte des 18. Jahrhunderts gab es die Strömung der Anglomanie, englische Gartengestaltung und Mode wurden sehr beliebt, und beim Reiten kann man das auch verfolgen." Die Reitkunst, die in ihrem höfischen Rahmen prachtvolle, bestickte und aus edlen Stoffen gearbeitete Sättel erfordert hatte, wurde verdrängt, weil es nun moderner war, im Gelände auszureiten oder an einer berittenen Jagd teilzunehmen. Und dem wiederum hat sich auch der Sattel angepasst. „Da hat man diesen eingezwängten Sitz nicht mehr gebraucht, und im Laufe der Zeit bewährte sich die flache Sattelform", erklärt Bayreuther.

„Damals hat man unter anderem mit der Lanze gekämpft und brauchte Halt im Sattel."

Der flache, englische Sattel setzte sich im 19. Jahrhundert endgültig für alle Bereiche durch. „Und natürlich hatte auch das wieder mit der Kavallerie zu tun", erzählt die Historikerin weiter. „Das 19. Jahrhundert ist das Jahrhundert, in dem die Kavallerie in Europa die bedeutendste Stellung innehatte. Schlachten wurden mehr oder weniger mit ihr entschieden." Da habe es eines zweckmäßigen Sattels bedurft und die Anforderungen waren andere als im Mittelalter. „Damals hat man unter anderem mit der Lanze gekämpft und brauchte Halt im Sattel.

Als man Schusswaffen nutzte, musste man nicht mehr so eingezwängt sitzen, sondern flexibel und beweglich sein." Auch in der ersten Hälfte des 20. Jahrhunderts war der Reitstil noch lange Zeit vom Militär geprägt. „Als dann nach den Kriegen die Kavallerie für das Militär quasi unbedeutend und das Pferd zum Sport- und Freizeitpartner wurde, gab es eine weitere Entwicklung: Auf Basis des englischen Sattels entstanden ganz verschiedene Satteltypen für Sport- und Freizeitzwecke, zum Beispiel der Dressur-, der Spring-, der Vielseitigkeits- oder der Distanzsattel."

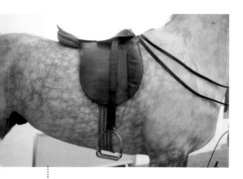

Sättel haben sich immer den verschiedenen Bedürfnissen der jeweiligen Zeit angepasst. Dieser Sattel stammt aus der 2. Hälfte des 19. Jahrhunderts.

Fazit: Die Geschichte des Sattels ist eine lange und spannende, die gleichermaßen ein Spiegel der Gesellschaft und der Militärgeschichte ist. Und klar ist: Einen einzelnen Erfinder gab es nicht – was sich als zweckmäßige Änderung oder Anpassung erwies, setzte sich durch und wurde im Laufe der Zeit perfektioniert.

Eva-Maria Bast

Wie alt ist der Sattel eigentlich?

Der vermutlich älteste Sattelfund, stammt aus dem 5. Jahrhundert und hat sich im sibirschen Permafrostboden erhalten. Der skythische Sattel bestand aus zwei Polsterkissen, die durch zwei Bögen miteinander verbunden waren. Der erste bildliche Nachweis von Sätteln in Europa findet sich im frühen Mittelalter, auf dem Teppich von Bayeux, eine in der zweiten Hälfte des 11. Jahrhunderts entstandene Stickarbeit. Er ist im eigens dafür geschaffenen „Centre Guillaume e Conquérant" im nordfranzösischen Bayeux ausgestellt.

Legosteine gelten als Spielzeugklassiker. Auch Bruno Knopp hat als Kind viel mit ihnen gespielt.

30

Lego-Stein

Spielzeug mit System

Man findet sie in nahezu jedem Kinderzimmer, oft genug stecken die kleinen Plastikteile in der Sofaritze oder landen im Staubsauger. Viele Eltern verfluchen die spitzen Steinchen, wenn sie nachts im Dunkeln barfuß nach dem Kind schauen und dabei einen jähen Schmerz unter ihrer Fußsohle verspüren. Gemeint ist das wohl bekannteste Spielzeug der Welt: der Lego-Stein. Rein statistisch gesehen besitzt jeder Mensch 80 Stück davon.

Erfunden hat die bunten Plastikbausteine der dänische Tischler Ole Kirk Christiansen (1891-1958) – zumindest gab er ihnen den berühmten Namen. Doch eigentlich hieß der wahre Vater der kleinen Steine Hilary Fisher Page (1904-1957). Er gründete 1932 in Großbritannien die Spielzeugfirma „Kiddicraft". 1939 beantragte Page ein Patent für hohle Plastikwürfel mit vier Bolzen an der Oberseite, „Spielzeug-Bausteine" (britisches Patent Nr. 529 580). Ole Kirk Christiansen kopierte die Steine. Dies war durchaus legal, da Page das Patent nur für Großbritannien erworben hatte. Nach dem Tod des Briten kauften Christiansen und sein Sohn Godtfred (1920-1995) das Patent.

Lego – Bauwerke im Kleinformat.

Ole Kirk Christiansen war gelernter Tischlermeister. Im Jahr 1916 erwarb er das „Billunder Maschinentischlerei- und Zimmergeschäft", in dem Christiansen zunächst Türen, Schränke und Fenster fertigte. In den folgenden Jahren machte er sich als tüchtiger Handwerker einen Namen. Doch die Weltwirtschaftskrise der 1930er-Jahre zwang ihn, seine Angestellten zu entlassen. Nur der zweitjüngste Sohn Godtfred half dem Vater in der Werkstatt. Mit gerade einmal zwölf Jahren führte er die Bücher des Betriebs. 1932, im gleichen Jahr, in dem der Brite Page seine Spielzeugfirma gründete, begann Christiansen mit der Produktion von Holzspielzeug. Kurz darauf starb seine Frau. Christiansen war nun allein für die vier Söhne verantwortlich.

1934 suchte der Tischlermeister nach einem einprägsamen Namen für seine Firma. Es sollte ein kurzes Wort sein und etwas mit „gut spielen" zu tun haben.

„Auf Dänisch heißt spiel gut leg godt", erzählt der Kölner Geograph Bruno Knopp, der als Kind oft mit Legosteinen spielte. „Christiansen nahm die Anfangsbuchstaben beider Wörter und erhielt den Namen, der das Unternehmen weltberühmt machen sollte: Lego. Womit es den Namen bereits vor den Steinen gab."

In den späten 1930er-Jahren begann die Firma Lego Profit zu machen, doch in einer stürmischen Nacht im Jahre 1942 zerstörte ein Feuer die Holzwerkstatt, sämtliche Modelle und Zeichnungen wurden vernichtet. Alles, wofür Vater und Sohn gearbeitet hatten, fiel den Flammen zum Opfer. Dennoch ließen sich die beiden nicht unterkriegen. Sie errichteten eine neue Fabrik für Holzspielzug, in der bald 40 Angestellte beschäftigt waren. Zwei Jahre nach Kriegsende erstand Ole Christiansen auf einer Messe in Kopenhagen eine Kunststoffspritzgießmaschine. Doch noch etwas Anderes sollte sein Interesse auf der Messe wecken: Am Stand der Firma Kiddicraft erhielt Christiansen eine Arbeitsprobe von ineinandergreifenden Plastiksteinen, die ihm fortan nicht mehr aus dem Kopf gingen. Irgendetwas hatten diese Steine an sich, das ihm keine Ruhe ließ. Ole Christiansen beschloss, die Steine neu zu entwerfen und damit in Produktion zu gehen. 1949 gab es dann die ersten Kunststoffbausteine. Bereits damals hatten sie Noppen und ähnelten den heutigen Lego-Steinen, allerdings waren sie an ihrer Unterseite noch hohl.

„Lego. Womit es den Namen bereits vor den Steinen gab.“

1950 übernahm Godtfred Kirk Christiansen die Firmenleitung. Der geschäftstüchtige Sprössling kritisierte, dass Kindern immer nur fertige Lösungen als Spielzeug vorgesetzt wurden. Ihm war es wichtig, die Fantasie und Kreativität anzuregen. Mit den Noppensteinen sollte man – unabhängig von Jahreszeit und Wetter – sowohl drinnen als auch draußen spielen können. Sie mussten leicht ergänzbar, von hervorragender Qualität sein sowie das Interesse von Jungen und Mädchen wecken.

1954 begann Lego mit der Produktion des ersten Lego-Spiel-Systems. Von nun an war es möglich, Häuser aus den Noppensteinen zu bauen. Allerdings gab es ein Problem: Durch die glatte Oberfläche fielen Türme und Häuser schnell in sich zusammen. Um den Steinen eine bessere Klemmkraft zu geben, stattete Godtfred sie an der Innenseite mit kleinen Rohren aus. 1958 ließ sich die Lego Company die Röhrchen patentieren. Jetzt waren es nicht nur Steine, sondern ein ganzes Konstruktionssystem mit unendlich vielen Möglichkeiten. Dies war der Durchbruch: Das Spielsystem wurde so populär, dass es sich in viele Länder verkaufte.

Bruno Knopp findet die zusammensteckbaren Klötzchen faszinierend: „Mit Legosteinen kannst du deine Träume zu Stein werden

*Mit Noppen und Röhrchen –
der Legostein.*

lassen. Ich erinnere mich noch gut daran, wie ich damals ein Lego-Flugzeug immer wieder mit Anlauf über eine kleine Rampe fliegen ließ, die aus einem eingerollten Teppichende gebaut war. Jedes Mal krachte der Flieger nach der Landung in sich zusammen. Ein großer Spaß! Das war der Grund, warum ich später nicht Fluglotse wurde."

Anfang der 1960er-Jahre trat der Legostein seinen Siegeszug um die Welt an. Ole Kirk Christiansen erlebte die Erfolgsgeschichte des kleinen Steins jedoch nicht mehr. Er starb am 11. März 1958.

Manuela Klaas

Legoland

Es gibt sieben Freizeitparks auf der ganzen Welt verteilt, die sich thematisch am Legostein orientieren. Das erste Legoland wurde 1968 im dänischen Billund, in dem der Lego-Stein beheimatet ist, eröffnet. Die für Kinder zwischen zwei und zwölf Jahren konzipierten Anlagen erstrecken sich mittlerweile von Florida bis ins schwäbische Günzburg.

Carola Kühberger präsentiert: den Dosenöffner.

31

Dosenöffner

Ein martialisch aussehendes Gerät

Die Büchse der Pandora öffnen – das war wohl nicht das Ziel des Engländers Robert Yeates, als er im Jahr 1855 den ersten Dosenöffner entwickelte. Schließlich wollte er kein Unheil in die Welt setzen, als er – sage und schreibe – 45 Jahre nach der Erfindung der Konservendose (siehe Geschichte 35) erstmals eine Lösung zur Öffnung der damals noch recht dickwandigen

Blechbüchse an den Mann brachte: An einen Mann, der zu Zeiten der Napoleonischen Kriege vor einem Schuss ins Blech nicht scheute, um an den lebensnotwendigen Inhalt zu gelangen. „Ganz im Gegenteil war Yeates auf der Suche nach einer Möglichkeit, den Inhalt der Konserven für jedermann schnell zugänglich zu machen", erzählt die Münchnerin Carola Kühberger, die zwar gerne frisch kocht, den Dosenöffner aber dennoch regelmäßig in Benutzung hat. „Schneid- und Schlagwerkzeuge wie Hammer, Meißel, Axt sollten fortan von einem einfacheren Öffnungswerkzeug abgelöst werden. Allerdings sahen diese Dosenöffner damals noch etwas anders aus als heute. Sie erinnern an Säbel", bringt es Carola Kühberger auf den Punkt. Während ein Haken den Öffner

Dieser Dosenöffner ist rund 100 Jahre alt.

am Dosenrand abstützte und so für Stabilität sorgte, wanderte ein zweiter, scharfer Haken einmal um die Dose herum. „Aus unzähligen Löchern entstand so ein Riss, der Dosendeckel von Dosenkörper trennte", erklärt die Münchnerin den Vorgang. Später, als die Konserven nach und nach dünnwandiger wurden, setzte sich der Dosenöffner mit Schneiderad durch, den der Amerikaner William Lyman (1821-1891) 1870 zum Patent anmeldete. Der Dosenöffner hatte ihn da schon eine Weile beschäftigt: 1850 hatte er ein System erfunden, bei dem man in die Mitte der Dose ein Loch schlug, in das man einen Öffner einstecken konnte. Von diesem zentralen Punkt aus ließ sich die Klinge um den Dosenrand entlangführen. Und dann drehte der Franzose Etienne Marcel Darqué, das Rad des Erfinders weiter, als er 1913 einen Dosenöffner entwickelte, der durch seine handliche Gestalt vor allem bei Soldaten für Begeisterung sorgte. Der Dosenöffner wurde den Lebensmittelrationen der United States Armed Forces beigelegt. „Bevor die Männer ihn in den sogenannten Hosensack steckten, sollte er aber mit Klebeband umwickelt werden", weiß Carola Kühberger.

Die Bedienungsanleitung, die den Öffnern beigelegt war, forderte den Benutzer dazu auf, das Gerät an einer Schnur baumelnd in kochendem Wasser zu sterilisieren. Schließlich sollte der Inhalt nicht beschmutzt werden!

William Lyman gilt als Erfinder dieses heute noch gebräuchlichen Dosenöffners. Die am 19. Juli 1870 von ihm patentierte Zangenform, bei der die scharfe Klinge durch ein Schneiderad ersetzt wurde, brachte das (Schneide)rad buchstäblich und endlich ins Rollen!

„Bevor die Männer ihn in den sogenannten Hosensack steckten, sollte er aber mit Klebeband umwickelt werden."

Die Dosennahrung hat unseren Vorfahren bestimmt besser geschmeckt als uns heute: Weil es weniger Nahrung gab, aber auch, weil der Weg hin zur Nahrung aufregender war. Zu Zeiten, als es noch keine Dosenöffner gab, ebenso wie zu Zeiten, in denen noch martialisch aussehende Geräte im Einsatz waren. Hatte man diese erfolgreich eingesetzt, mundete der Doseninhalt bestimmt doppelt so gut!

Eva-Maria Bast

....

Vor dem Dosenöffner

Die Konservendose wurde rund 45 Jahre vor dem Dosenöffner erfunden. Um an die begehrte Nahrung zu gelangen, bedienten sich die Soldaten zuvor Hammer und Stemmeisen, meist nutzten sie jedoch ihr Bajonett, um die Dose zu öffnen. Was allerdings zur Folge haben konnte, dass der Doseninhalt durch die einschlagende Spitze der Waffe hochspritzte und im Gesicht statt im Mund der Soldaten landete. Die ausführliche Geschichte der Konservendose erzählen wir ab Seite 133.

32

Nagellack

Abfallprodukt der Automobilindustrie

Schöne Nägel waren schon immer ein Zeichen von Muße und Nichtstun: Denn wer die Zeit hat, seine Nägel zu pflegen und zu lackieren, scheint nicht viel mit seinen Händen arbeiten zu müssen. Dass das so nicht stimmt, reklamiert Katharina Schödel, die neben ihrem Studium bei diversen Kosmetikfirmen gearbeitet hat. „Ich finde, es ist auch eine Frage des Respekts gegenüber den Mitmenschen, dass man auf sein Äußeres achtet und hier gehören gepflegte Nägel definitiv dazu", konstatiert die Münchenerin. „Und", spinnt sie den Faden weiter, „zeigte nicht schon der Frankfurter Nervenarzt Heinrich Hoffmann 1844 im Struwwelpeter, dass Fingernägel ein Spiegelbild der Seele sind?" In der Tat: Um gegen die eigenen Eltern zu rebellieren, ließ sich der aufmüpfige Teenager lange Krallen wachsen.

„Mit perfekt gepflegten Nägeln lässt sich viel Geld verdienen", weiß Katharina Schödel zu berichten. „Modelagenturen vermitteln Handmodels, die mit Fotoaufnahmen für Nagellacke an einem Tag mehr Geld einnehmen als der normale Durchschnittsverdiener im Monat." Der Nagellack ist aus solchen Fotoshootings nicht wegzudenken – er steigert Ausstrahlung und Erotik der Frau. Doch wer hat ihn eigentlich erfunden?

„Eng verbunden mit der Erfindung des Nagellacks ist die Automobilindustrie", sagt Katharina Schödel, die sich während ihrer Tätigkeit bei einem der Kosmetikunternehmen auch mit der Geschichte des Nagellacks befasst hat. „Der Nagellack ist quasi ein Nebenprodukt. Durch die ständige Weiterentwicklung des Autolacks brachten findige Ingenieure im Jahr 1925 erstmals einen transparenten Nagellack auf den Markt. Die amerikanischen Brüder Charles und Joseph Revson übernahmen die Technologie und kreierten 1932 ihren ersten Nagellack", erzählt die Münchnerin weiter. Zuvor hatte Charles H. Revson (1906-1975) bereits ein Jahr lang als Vertreter für die Nagellacke des

---

Gepflegte Nägel sind ein absolutes Muss findet Katharina Schödel.
Dazu gehört auch ein gut deckender Nagellack.

Unternehmens Elka, das in Newark ansässig war, gearbeitet. Als die Firmenleitung Revson die Genehmigung für den landesweiten Verkauf verweigerte, gründete er 1932 gemeinsam mit seinem Bruder Joseph und dem Chemiker Charles R. Lachmann eine eigene Kosmetikfirma: „Revlon". Lachmann entwickelte das Rezept für einen Lack, der im Gegensatz zu den bisher üblichen durchsichtigen Farben deckend war. Von ihm stammt auch das „l" im Firmennamen. Charles Revson ging mit dem neuen Produkt emsig hausieren. Mit seinem Musterkoffer zog er von einem Maniküresalon zum nächsten und scheute auch nicht davor zurück, zu Demonstrationszwecken die eigenen Nägel zu lackieren.

> *„Auch wenn Charles Revson den Nagellack nicht erfunden hat, verstand er es zumindest als erster, ihn erfolgreich zu vermarkten."*

„Auch wenn Charles Revson den Nagellack nicht erfunden hat, verstand er es zumindest als erster, ihn erfolgreich zu vermarkten", sagt Katharina Schödel. „Im Angebot hatte er bald eine breite Palette an Farben. Seine Nagellacke sollten Emotionen wecken und hießen nicht einfach nur rosa oder rot. Revson gab ihnen Namen wie *Feuer und Eis, Kirschen im Schnee* oder *Fifth Avenue*. Das war zur damaligen Zeit eine völlig neue Werbestrategie."

Charles Revson war ein Marketinggenie. Seine Idee war es auch, erstmals die Farben von Lippenstift und Nagellack aufeinander abzustimmen. Halbjährlich brachte er neue Kollektionen heraus.

Aufgewachsen als Söhne russisch-jüdischer Einwanderer waren die Revson-Brüder Ende der 1940er-Jahre zweitgrößter Produzent weltweit für Make-up-Produkte. Mehr als sie verkaufte nur Estée Lauder. Bereits 1947 zogen sie mit ihrem Unternehmen an die Fifth Avenue in New York City, die berühmteste Einkaufsstraße der Welt. Seine einfache Herkunft konnte Charles Revson aber dennoch nicht leugnen. „Er soll extrem schlechte Manieren gehabt haben", erzählt Katharina Schödel. „Bei der Konkurrenz war er nicht nur wegen seines Erfolgs wenig beliebt. Helena Rubinstein nannte ihn abschätzig *den Nagelmenschen*; für Elisabeth Arden war Revson nur *that man*, dieser Mann. Um sie zu ärgern, gab er 1958 ein Herrenparfüm mit genau diesem Namen heraus: That Man."

Charles Revson verachtete Frauen. Obwohl sie ihm seinen Reichtum ermöglicht hatten, trat er sie gewissermaßen mit Füßen. Revson war dreimal verheiratet und dreimal geschieden. Er ging ins Bordell und hatte unzählige Affären. Um Prostituierte zu demütigen, habe er ihnen das Geld auf den Boden geworfen, seine Gespielinnen nannte er nur beim Nachnamen, heißt es in der Revson-Biografie „Fire and Ice – The Story of Charles Revson, the Man Who Built the Revlon Empire" des amerikanischen Autors Andrew Tobias.

Seine Angestellten behandelte Revson nicht besser. In einigen Abteilungen lag die Fluktuationsrate bei mehr als 150 Prozent im Jahr. Er heuerte und feuerte, wie es ihm beliebte. Nur weil er Spitzengehälter zahlte, fanden sich immer wieder neue Mitarbeiter. „Ebenso schnell wie er Angestellte substituierte, kaufte der Firmengründer Konkurrenzunternehmen auf", berichtet Katharina Schödel.

1952 entdeckte Revson die Fernsehwerbung für seine Produkte: Von 1955 bis 1958 sponserte er die vielgesehene amerikanische Quizshow „The $64,000 Question". Revlon sendete wöchentlich drei einminütige Werbespots, was die Nachfrage rasant ansteigen ließ. Allein im Jahr 1956 verdoppelte das Unternehmen seine Gewinne.

Als der Kosmetikmogul 1975 im Alter von 68 Jahren an einer Krebserkrankung starb, hinterließ er mit Revlon einen millionenschweren Weltkonzern – und Nagellacke in allen Farben. Oder anders gesagt: Glück in kleinen Flaschen.

Manuela Klaas

....

Antiker Nagelschmuck

Die Pflege und das Färben der Nägel gehörten bereits bei den alten Ägyptern zur Tradition. Angeblich ließ sich schon der erste Pharao Narmer um 3000 v. Chr. die Nägel, die Handflächen und die Fußsohlen mit Henna färben. In Arabien und Ägypten wurde neben Henna auch ein kupferfarbener Lack aus dem Sekret einer Insektenart als Nagelfarbe verwendet. Die adligen Chinesen bevorzugten die Farben Gold und Silber. Schwarz und Rot war für das Kaiserhaus reserviert.

Christian Schüle hat das Produkt Kaugummi zum Thema seiner Abschlussarbeit gemacht.

33

Kaugummi
In aller Munde

Kaugummi kauen zählt bei vielen Menschen zu einer beliebten Nebenbeschäftigung. Sie machen es aus den unterschiedlichsten Gründen: Zur Zahnpflege, gegen Reiseübelkeit, bei Nikotin- oder Koffeinentzug – oder zum reinen Zeitvertreib. Dennoch: Einmal ausgespuckt, kleben Kaugummis unter Schuhen, Tischplatten und Stühlen. Ab und an auch mal in Haaren. Sie sind schwer zu entfernen und auch auf Straßen für viele ein Ärgernis. Dabei ist der Kaugummi beileibe keine neue Erfindung: Bereits unsere Vorfahren in der Steinzeit kauten auf Baumharzen und Birkenpech herum.

„Kauen auf formbaren Substanzen scheint ein menschliches Urbedürfnis zu sein. Der älteste Kaugummi der Welt ist 9.000 Jahre alt und wurde in Südschweden gefunden", erzählt Christian Schüle. Der in Reutlingen lebende Lehrer hat sich während seines Kunststudiums intensiv mit dem Produkt Kaugummi beschäftigt. „Archäologen entdeckten bei Ausgrabungen ein Stück Birkenharz, auf dem menschliche Zahnabdrücke erhalten waren." Auch Griechen und Römer kannten Kaugummis aus Naturmaterialien: Ähnlich wie Mayas und Azteken kauten sie die Harze verschiedener Pflanzen und Bäume, weil sie eine aseptische, also eine natürlich desinfizierende Wirkung hatten.

„Der älteste Kaugummi der Welt ist 9.000 Jahre alt und wurde in Südschweden gefunden."

Im 19. Jahrhundert setzte die industrielle Produktion ein. „Als Erfinder des modernen Kaugummis gilt der New Yorker Fotograf Thomas Adams", berichtet Christian Schüle. „Adams experimentierte in den 1860er-Jahren mit Chicle, einer Masse aus dem weißen Milchsaft des Breiapfelbaums, die auch schon die Ureinwohner Zentralamerikas kauten."

Ursprünglich wollte Adams (1818-1905) aus dem Baumharz synthetische Gummiprodukte herstellen. Er bemerkte allerdings schnell, dass der Rohstoff für Fahrradreifen, Gummistiefel oder Spielzeug nicht geeignet war. Dafür ließ sich die Masse jedoch wunderbar kauen. Thomas Adams produzierte kleine Kaugummistreifen, die geschmacksneutral waren und ab Februar 1871 zu einem Penny das Stück in Drogerien verkauft wurden. Das Produkt „Adams New York Gum No.1" fand sofort reißenden Absatz. Nach weiteren Versuchen zur Aromatisierung brachte Adams wenig später „Black Jack", einen Kaugummi mit Lakritzgeschmack, auf den Markt. Das Produkt avancierte innerhalb kürzester Zeit zum Erfolgsschlager und verkaufte sich fast ein Jahrhundert lang.

Durch einen Zufall entdeckte auch William Wrigley Jr. (1861-1932) die Kaugummiproduktion, in die er 1893 einstieg. Wie schon sein Vater vertrieb Wrigley Jr. in Chicago zunächst Seife. Als zusätzlichen

Kaufanreiz legte er seinen Seifen eine Warenzugabe in Form von Back-pulver bei. Womit Wrigley Jr. nicht gerechnet hatte: Die Seifen wurden vor allem wegen der Beigabe gekauft. Ob des Erfolgs wechselte der Seifenfabrikant ins Backpulvergeschäft und hielt an seinem Vertriebs-konzept fest: Er legte dem Backpulver nun zwei Päckchen Kaugummi bei. Doch auch hier kam die Warenzugabe beim Kunden besser an als das eigentliche Produkt. Abermals sattelte William Wrigley Jr. um und produzierte von nun an erfolgreich Kaugummis.

„Wrigley's Spearmint und Juicy Fruit sind heute die ältesten und erfolgreichsten Kaugummisorten", konstatiert Christian Schüle, der seine Abschlussarbeit dem Thema Kaugummi widmete. In dieser Arbeit löste er das Ausgangsprodukt aus seinem ursprünglichen Kon-text und seiner Funktion, dem Kauen, heraus, indem er den jeweiligen Geschmack, den die Farbstoffe symbolisieren, mittels Wasser von der Kaumasse trennte. Beide Komponenten führte er später auf einer Kunststoffplatte wieder zusammen. Dabei trug der damalige Student zuerst die Masse und darüber in mehreren Schichten die Farbe auf. Pfefferminz bekam auf den Bildern einen grünen Farbton, Erdbeergeschmack ist in Rosa-tönen wiedergegeben. „Somit konnte ich Geschmack sichtbar machen", erläutert Christian Schüle. „Neben den Bildern habe ich auch Skulpturen aus Kaugummi gefertigt, einfach, weil mich die leicht knetbare Masse begeistert." Womit er Kunst aus Alltagsmaterial schuf.

Doch wann gelangte das typisch ameri-kanische Produkt eigentlich nach Deutschland? „Dies geschah 1945 mit dem Einmarsch der Amerikaner bei Kriegsende", erzählt der Reutlinger

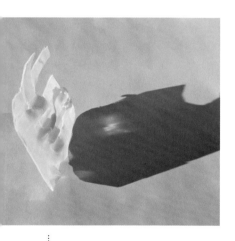

Alltagsmaterial in der Kunst: Christian Schüles Skulptur aus Kaugummi.

Kunstlehrer. „In Briefen und Berichten aus den Nachkriegsjahren ist oft zu lesen, dass die Besatzer Kaugummi und Schokolade an deutsche Kinder verteilten."

In den 1950er-Jahren gehörte der Kaugummi zur rebellischen Attitüde einer aufbegehrenden Jugend. „Dieses provokative Image hat das Produkt heute nicht mehr", berichtet Christian Schüle weiter. „Mit dem Zuckeraustauschstoff Xylit versehen wird es vielmehr als Zahnpflegeprodukt beworben."

Überhaupt ist an den heutigen Kaugummis nur noch wenig Natürliches – weshalb sie, einmal ausgespuckt, jahrelang auf den Straßen kleben, ohne zu verrotten. „Die handelsüblichen Kaugummis bestehen aus einem Kunststoffgemisch, das aus Erdöl gewonnen wird", verrät Christian Schüle. „Die Firmen deklarieren dieses Gemisch lediglich als Kaumasse, ohne näher auf die einzelnen Komponenten einzugehen. Hinzu kommen noch Bindemittel, Weichmacher, Farbstoffe und künstliche Aromen."

Bleibt noch zu klären, warum der Kaugummi eigentlich überall so gut klebt – nur nicht im Mund. „Das liegt am Speichel, der zwischen dem Kaugummi, den Zähnen und Schleimhäuten im Mund einen feinen Film bildet", erläutert der Kunstlehrer. „Gegenüber der Mundhöhle sind Tische, Stühle und Schuhe relativ rau. Auch haben diese Gegenstände Vertiefungen, in denen sich der Kaugummi ausbreiten kann und haften bleibt."

Ausgespuckte Kaugummis sind ein Umweltproblem, auf das die südostasiatische Stadt Singapur längst reagiert hat: Dort ist die beliebte Kaumasse seit 1992 nur noch in Apotheken gegen Namen und Passnummer erhältlich.

Manuela Klaas

....

Klebrige Angelegenheit

Gegen Kaugummi im Haar hilft nicht nur die Schere. Man kann die klebrige Masse auch einfach mit Öl, Butter oder Hautcreme einfetten, den Gummi herauskämmen und danach die Haare waschen. Hängt das klebrige Teil am Pullover, so steckt man diesen in einen Plastikbeutel verpackt ins Gefrierfach oder behandelt ihn mit Eiswürfeln. Ist der Kaugummi gefroren, lässt er sich einfach ablösen.

Fernseher

Einzelne Punkte ergeben ein Bild

Heiligabend im Jahr 1883. Hinter den Nachbarfenstern herrscht traute Glückseligkeit. Von überall schimmern Kerzen herüber. Nur er, er sitzt allein in seiner kalten Studentenbude in Berlin, weil er sich die Fahrt nach Hause nicht leisten kann. Dabei wäre er so gerne in der warmen Stube, würde den Duft von Vaters frisch gebackenem Weihnachtsgebäck einatmen – der Vater ist Bäckermeister – und sich von der Mutter herzen und drücken lassen. Allein, das Geld reicht nicht und er hat ja nach Berlin wollen, um zu studieren. Mathematik und Physik. Nachdenklich starrt unser junger Mann, Paul Nipkow (1860-1940), vor sich hin. Wie schade, denkt er sich, wie schade, dass es noch kein Gerät gibt, mit dem sich die traute Szene daheim einfach nach Berlin übertragen lässt. In Bildern. Ein Geistesblitz! Nipkow springt auf, ist im Fieber. Keine Spur mehr von der Einsamkeit. Er bastelt und tüftelt. „Und tatsächlich gelang es ihm, eine Scheibe zu entwickeln, mit der man ein Bild in einzelne Punkte zerlegen und es als elektrisches Signal verschicken kann", sagt der Stuttgarter Jørn Precht, seines Zeichens Professor an der Hochschule der Medien und Drehbuchautor, unter anderem für ZDF und Sat1, für den diese Erfindung – und der Fernseher als solcher – ein Faszinosum ist. Was

Amerikanischer Fernseher „Emerson" von 1949.

freilich auch mit dem Beruf, der Berufung ist, zu tun hat. „Nipkow wartete dann auch nicht lang damit, seine Erfindung zum Patent anzumelden", erzählt Precht. Am 6. Januar 1884 schritt er zum Kaiserlichen Patentamt. Allein: Ausprobiert hat er seine Erfindung aber wohl nicht,

Jørn Precht vor seinem geliebten Megafernseher.

angeblich aus Geldmangel verfällt auch sein Patent, das Studium bricht er aus den gleichen Gründen ab und wechselt in den Eisenbahnbau.

Viele Erfinder arbeiten in den Folgejahren daran, die Idee in die Tat umzusetzen, doch es soll Jahrzehnte dauern, bis der Schotte John Logie Baird (1888-1946) erstmals Bilder mittels der Nipkow'schen Scheibe überträgt. Das ist am 26. Januar 1926. Drei Jahre später starten Fernsehsendungen in den USA, ab 1932 auch in Deutschland, in den 1940ern hält der vollelektronische Fernseher Einzug. In Privathaushalten finden sich die Geräte zunächst noch nicht, aber es gibt öffentliche „Fernsehstuben".

Manch einer misstraut der Flimmerkiste aber durchaus: So soll Darryl F. Zanuck, der Produktionschef bei Warner Brothers und Gründer der 20th Century Pictures, gesagt haben, dass „die Menschen es bald satthaben werden, auf eine Sperrholzkiste zu starren". Doch der Siegeszug der „Röhre" ist nicht mehr aufzuhalten. „Die Bildqualität wurde immer besser, der Stromverbrauch immer geringer, die Geräte immer handlicher", zählt Jørn Precht auf. Der Farbfernseher kam, Flachbildschirme eroberten ab den 2000er-Jahren den Markt. Die Menschen waren und sind begeistert, vielen ist der Fernseher ein treuer Freund. Und es gab eine Zeit, da durfte man ab 20 Uhr niemanden mehr anrufen, weil da die Nachrichten begannen, denen der Spielfilm folgte. Wie falsch Zanuck doch gelegen hatte!

Eva-Maria Bast

....

Die Queen und der Fernseher

Als Elizabeth II. am 2. Juni 1953 gekrönt wurde, hingen die Massen vor dem Fernseher: Die Krönung war das erste Ereignis dieser Art, das übertragen wurde – sogar nach Deutschland und Frankreich, erstmals live und länderübergreifend. War das Fernsehen lange Zeit gegen den Hörfunk nicht angekommen, so überwogen nun in England die Fernsehzuschauer. 27 Millionen schauten fern, 11 Millionen hörten Radio. In Farbe gab's die Queen aber nicht: In Deutschland wurde der Farbfernseher erst 1967 eingeführt.

Gloria Dulich mit einer Campbell's Konserven-dose. Der Pop-Artist Andy Warhol verewigte die legendäre Tomatensuppe 1968 als Siebdruck.

35

Konservendose

Es geht ans Eingemachte

S ie wird aus Aluminium- oder Stahlblech gefertigt und hermetisch verschlossen. Ihren Inhalt schützt sie vor Feuchtigkeit, Hitze, Sauerstoff und Licht. Und sie füllt lange Supermarktregale – gemeint ist die Konservendose. Andy Warhol setzte ihr mit seinen Siebdrucken von „Campbell's Soup Cans" in den 1960er Jahren ein Denkmal. Egal, ob Kohlrouladen mit Sauce, Königsberger Klopse oder Spaghetti Bolognese – es gibt kaum ein Lebensmittel, das nicht den Weg in die Dose findet. Doch wer hat den praktischen, zylindrischen Behälter eigentlich erfunden?

Der Engländer Peter Durand (1766-1822) sicherte sich Anfang des 19. Jahrhunderts die Rechte, Lebensmittel in verzinkten Blechdosen haltbar zu machen. Sein Patent datiert vom 25. August 1810. „Doch der eigentliche Erfinder hieß Philippe de Girard und war Franzose", berichtet Gloria Dulich, Jura-Studentin in Köln, die, wenn sie wenig Zeit zum Kochen hat, auch schon mal zur Dose greift. „Girard wollte seine Erfindung jedoch nicht in Frankreich, sondern in England vermarkten, da er sich hier höhere Gewinne versprach." Girard (1775-1845) hatte aber nicht bedacht, dass sich die beiden Länder gerade in den napoleonischen Kriegen (1804-1812) bekämpften und Franzosen auf der Insel nicht gern gesehen waren. So bot Philippe de Girard dem englischen Geschäftsmann Peter Durand Geld, damit dieser die Erfindung des Franzosen zum Patent anmeldete. Durand wiederum überließ das Patent für 1000 Pfund den Briten Bryan Donkin (1768-1855) und John Hall (1765-1836), die 1812 die erste Konservendosenfabrik in London gründeten.

Mit der Erfindung der Konservendose griff Girard im Prinzip nur die Idee des französischen Konditors Nicolas Appert (1749-1841) auf, der Lebensmittel wie Geflügel, Wildbret, Fische, Gemüse und Früchte, aber auch Bier, Kaffee und Tee in Glasflaschen füllte, diese verkorkte und mit einer Mixtur aus gebranntem Kalk und Käse versiegelte. Den Korken sicherte Appert mit einem Draht. Anschließend erhitzte er die verschlossenen Flaschen im Wasserbad. Et voilà – Appert hatte das Prinzip der Hitzesterilisation entdeckt.

„Es war Napoleon, der die Konservierung von Lebensmitteln anstieß", erzählt die Kölner Studentin, die sich neben den Rechtswissenschaften auch für Geschichte interessiert. „Die meisten seiner Soldaten starben im Russland-Feldzug nicht bei Kampfhandlungen, sondern durch die mangelhafte Versorgung mit Lebensmitteln." In der Tat gab es unter Napoleon mehr Tote durch Hunger und Skorbut (eine Mangelerscheinung, die bei anhaltendem Fehlen von Vitamin C in der Nahrung nach zwei bis vier Monaten auftritt) zu beklagen, als durch feindliche Geschosse. Der Oberbefehlshaber des französischen Militärs lobte deswegen 1795 ein Preisgeld von 12.000 Goldfranken für denjenigen aus, der eine geeignete Methode „pour la conservation des aliments" – zur Haltbarmachung von Lebensmitteln – entwickeln könne.

Der französische Konditor Nicolas Appert fand schließlich die Lösung – das sollte jedoch noch einige Jahre dauern. Schon 1790, in den Wirren der französischen Revolution, startete der Sohn eines Weinhändlers und Gastwirts erste Versuche, Lebensmittel durch Erhitzen und unter Luftabschluss in Glasbehältern zu konservieren. Diese Technik ist heute unter den Begriffen Einkochen oder Einwecken bekannt. Dabei wollte Appert in erster Linie ein Verfahren zur Haltbarmachung entwickeln, bei dem Nahrungsmittel ihren

> *„Nicolas Appert gebührt die Ehre des Erfinders der Konserve, nicht aber der Konservendose. (...) der eigentliche Erfinder hieß Philippe de Girard (...)."*

Geschmack behielten. Er, der Zuckerbäcker, verachtete Speisen, die eingezuckert waren. „Diese Gerichte schmecken einfach nur süß", war sein knapper Kommentar.

Gloria Dulich hat schon als junges Mädchen in der Küche der Großmutter Obst und Marmelade eingeweckt. Sie bemängelt, dass Apperts Glasflaschen viel zu schwer, sperrig und fragil für den Transport waren. „Sie zerbrachen schnell, vor allem, wenn sie durch unwegsames Gelände geschleppt wurden."

Napoleon zeigte sich dennoch hoch zufrieden mit dem Ergebnis, denn die konservierten Lebensmittel waren auch nach mehreren Monaten noch unverdorben und der Konditor erhielt die versprochene Prämie. Eine Erklärung, warum seine Methode funktionierte, hatte Appert allerdings nicht. Die Existenz von Bakterien und Erregern war zu dieser Zeit noch unbekannt. Daher konnte er auch nicht wissen, dass die Mikroorganismen durch die hohe Temperatur abgetötet wurden. Das sollte der Mikrobiologe Louis Pasteur (1822-1895) erst 50 Jahre später herausfinden. „Den Begriff appertisieren verwendet man heute noch, wenn Speisen luftdicht abgefüllt und erhitzt werden", erzählt die Jurastudentin. „Nicolas Appert gebührt die Ehre des Erfinders der Konserve, nicht aber der Konservendose."

Wie bei den meisten Erfindungen, mussten auch bei der Dose die Kinderkrankheiten erst ausgemerzt werden. Das Blech wurde zunächst mit Blei in Zylinderform gelötet, was problematisch war: Das giftige Schwermetall zog nach dem Befüllen in die Lebensmittel und führte bei Soldaten und Marineoffizieren, zur damaligen Zeit die Hauptkonsumenten, zu schleichenden Vergiftungen. Auch gab es noch keinen Dosenöffner, der wurde erst ein paar Jahrzehnte später erfunden (siehe Geheimnis Nr. 31). Also behalf man sich mit Hammer und Meißel, Soldaten schlugen den Deckel mit dem Bajonett ab.

Auch das Produktionsverfahren war anfangs noch sehr aufwändig: Im Schnitt entstanden 60 Dosen am Tag. Erst zu Beginn des 20. Jahrhunderts waren die einzelnen Arbeitsschritte soweit optimiert, dass die Konservendose zum weltweiten Verkaufsschlager avancierte. In den Wirtschaftswunderjahren fand sich die Metalldose in nahezu jedem deutschen Haushalt, schon allein, um den kulinarischen Dauerbrenner der Nachkriegsära – den Toast Hawaii – servieren zu können.

Auch in Glorias Studentenwohnung findet sich die eine oder andere Konserve. Die Kölner Studentin kocht zwar normalerweise mit frischen Zutaten, doch in Prüfungsphasen, sagt sie, muss das Essen manchmal fix auf dem Teller sein. Und da ist so eine Konservendose ohne langes Fackeln ganz schnell geöffnet. Mahlzeit!

Manuela Klaas

....

Warum runde Konserven?

Konservendosen sind in der Regel rund und nicht eckig wie andere Verpackungen im Supermarktregal. Doch warum eigentlich? Wären sie eckig, könnte man sie doch viel platzsparender stapeln. Die runde Form erklärt sich durch das Verfahren der Konservierung: Beim Erhitzen entsteht Druck im Innern der Dose. Sie dehnt sich aus, was man gut an dem nach oben gewölbten Deckel erkennen kann. Direkt nach dem Erhitzen wird die Dose wieder abgekühlt. Der Druck nimmt ab und der Deckel erhält seine ursprünglich flache Form zurück. Wäre die Dose eckig, würde sie dem Druck nicht so gut standhalten und ebenfalls eine runde Form annehmen, da sich der Druck zu allen Seiten gleichmäßig ausdehnt. Darum macht man die Dose gleich rund.

Ungewöhnlich: Ein Heiliger mit Sonnenbrille!

36

Sonnenbrille

Vom Symbol der Weisheit zum Symbol der Coolness

Das ist aber mal ein cooler Heiliger! Der Apostel auf einem Altarretabel in der Lübecker Marienkirche trägt eine Sonnenbrille! Aber warum? Allzu hell ist es in dem Gotteshaus schließlich nicht. Der Stadtführer Axel Schattschneider weiß es – und die Lösung des Rätsels ist ganz einfach: „Die Brille war früher silbern, wie man sich das ja bei spiegelnden Gläsern vorstellt", sagt er. „Im Laufe der Jahrhunderte ist das Silber einfach nur dunkel angelaufen, sodass es jetzt aussieht, als trage der Heilige eine Sonnenbrille. Dabei ist ihm diese einst als Zeichen der Weisheit aufgesetzt worden." Die Brille hielt ab der Mitte des 14. Jahrhunderts Einzug in die Kunstgeschichte. „Man wollte damit tatsächlich zum Ausdruck bringen, dass jemand besonders gebildet oder weise, also schriftkundig ist", sagt der Lübecker. Wie lange es Brillen schon gibt, gilt als umstritten. In einigen Quellen wird behauptet, dass bereits der griechische Mathematiker Archimedes (gest. 212 v. Chr.) einen Kristall getragen habe, der seine Sehfähigkeit verstärkte. Der römische Philosoph Seneca der Jüngere (1 - 65 n. Chr.) stellte im 1. Jahrhundert n. Chr. fest: „Kleine und undeutliche Buchstaben erscheinen schärfer und größer, wenn man sie durch eine mit Wasser gefüllte Kugel betrachtet." Etwa 1000 n. Chr. schrieb der arabische Mathematiker

Axel Schattschneider mit Sonnenbrille. Seine Sehhilfe hat er auf der Stadtansicht von Lübeck abgelegt.

Abu Ali al-Hasan ibn al Haitham (um 965-1039 oder 1040), auf Latein auch Alhazen genannt, das Buch „Schatz der Optik", in dem auch er feststellte, dass ein Gegenstand größer wird, wenn man ihn durch eine gläserne Kugel betrachtet. „Es dauerte aber noch 250 Jahre, bis das Buch ins Lateinische übersetzt wurde, erst dann hatte es Auswirkungen", sagt Schattschneider. „Denn Alhazen hatte zwar diese Erkenntnis, hat sie aber selbst nicht genutzt." Übersetzt wurde das Buch von Franziskanermönchen „und es waren wohl auch Mönche, die den sogenannten ‚Lesestein' aus Bergkristall herstellten." Lesegläser oder Lesesteine waren Halbkugeln aus Glas oder Edelsteinen, die man wie eine Lupe auf die Schrift legte und sie dadurch vergrößerte.

Die Brille, wie man sie heute kennt, wurde gegen Ende des 13. Jahrhunderts in Norditalien erfunden. Urkundliche Erwähnung erfuhr sie 1305 durch den Dominikaner Giordano da Rivalto. Er schrieb, dass sein Glaubensbruder Alessandro della Spina um 1285

Brillengläser geschliffen habe. Doch wer hat die Brille denn nun eigentlich erfunden? In den Jahren 1684 bis 1920 ging man davon aus, dass es Salvino degli Armati gewesen sei. „Doch beim Erfinder der Brille handelt es sich selbst um eine Erfindung", freut sich Axel Schattschneider über das Detail. „Der Florentiner Publizist Leopoldo del Migliore hat den Mann frei erfunden. Wer die Brille wirklich entdeckt hat, ist bis heute nicht sicher. Es war wohl wie bei so vielem einfach eine Weiterentwicklung." Als wahrscheinlich gilt jedoch, dass die frühesten Brillenträger italienische Mönche und Nonnen waren. Die ersten noch erhaltenen Brillen fand man 1953 im ehemaligen Zisterzienserinnenkloster im niedersächsischen Wienhausen. Sie stammen aus der Mitte des 14. Jahrhunderts.

Nicht nur – wie in Lübeck – in der Kunst, auch in der Literatur fand die Brille große Beachtung. Julia Ricker schreibt in einem lesenswerten Aufsatz im Magazin für Denkmalkultur Deutschland, „Monumente": „Es waren wohl die faszinierenden Eigenschaften der durchsichtigen Steine, für die Zeitgenossen ganz neu und noch wenig bekannt, die sie zum Thema der mittelhochdeutschen Dichtung avancieren ließen." Ricker nennt einige Beispiele: „Im ‚Jüngeren Titurel' Abrecht von Scharfenbergs ist das Herz so klar und rein wie ein Beryll. Wie dieser die Schrift vergrößere, so heißt es in dem Epos aus der Zeit um 1270, habe es die Eigenschaft, die Tugenden wachsen zu lassen." Und für den Philosophen Nikolaus Cusanus (1401-1464) sei die Brille „zur Grundlage für die Erkenntnisschau" geworden, erklärt Julia Ricker. In seiner Schrift „De beryllo" von 1458 schreibe er, dass derjenige, der durch den geschliffenen Beryll hindurchsehe, zuvor Unsichtbares berühre. Ricker zitiert: „Wenn den Augen der Vernunft ein vernunftgemäßer Beryll richtig angepasst wird, wird durch seine Vermittlung der unteilbare Ursprung von allem berührt." Wenn der Mensch die Wahrnehmung seiner Augen mit der Brille erweitere, „verändere er nicht nur seinen optischen Zugang zur Welt, sondern auch seine Haltung zu ihr", fasst die Autorin die Gedanken des Universalgelehrten zusammen. „Denn bisher verborgene Dinge würden plötzlich sichtbar und erhielten einen tieferen Sinn." An diese Deutungsmöglichkeit, vermutet sie, habe wohl der altdeutsche Maler Friedrich Herlin (1430-1500) gedacht, „als er dem Apostel in Rothenburg ob der

Tauber eine Brille in die Hand gab." Und damit sind wir wieder bei der Kunstgeschichte angelangt. Darstellungen von Brillen sind ganz und gar nicht selten, die älteste findet sich auf den Fresken im Kapitelsaal von San Niccolo in Treviso und ist 1352 durch den italienischen Maler Tommaso da Modena entstanden. Die erste Darstellung nördlich der Alpen ist auf dem Altar der Bad Wildunger Stadtkirche zu sehen und wurde 1403 von Conrad von Soest (1370-1422) erschaffen. Der hier dargestellte Apostel ist auch als „Brillenapostel" in die Geschichte – oder besser: in die Kunstgeschichte – eingegangen.

Und in Lübeck hat der Apostel eben eine Sonnenbrille auf! Deren Erfindung ist übrigens alt: Schon die Eskimos verwendeten Gestelle aus Knochen und Holzbrettern, in die Sehschlitze eingearbeitet waren, um dem durch den Schnee entstandenen hellen Licht zu trotzen. Auch Kaiser Nero (37–68 n. Chr.) hielt sich beim Besuch von Gladiatorenkämpfen zum Schutz vor Sonnenlicht Smaragde vor die Augen. Der Apostel mit seinem nachgedunkelten Silber ist also in guter Gesellschaft. Allein: Sehen kann er durch die Brille freilich nichts. Aber das wäre bei einer nicht nachgedunkelten Brille auch der Fall gewesen. Denn Silber ist ja bekanntlich nicht durchsichtig.

Eva-Maria Bast

Wo der Name herkommt

„Brille" leitet sich vom mittelhochdeutschen *Berille* ab. Dieser Begriff stammt wiederum von dem Halbedelstein Beryll, aus dem um 1300 Linsen geschliffen wurden.

Genüsslich bereitet Martin Möcking seinen Kaffee im Original-Melitta-Kaffeefilter zu.

37

Kaffeefilter

Melitta – Ein Vorname wird zur Weltmarke

Mit einem Messingbecher und Löschpapier aus dem Schulheft ihres Sohnes revolutionierte eine sächsische Hausfrau 1908 die Kaffeezubereitung: Amalie Auguste Melitta Bentz (1873-1950) erfand den ersten wirksamen Kaffeefilter. Sie hatte sich schon länger über den krümeligen und bitter schmeckenden Brührückstand geärgert, der sich am Ende jeder Tasse unweigerlich auf ihre Zunge schmuggelte. Bis dato schüttete man das feine Pulver einfach ins heiße Wasser und siebte die Mischung anschließend ab. Dafür wurde häufig ein alter Stoffbeutel benutzt, der mit der Zeit muffig roch. Auch die gängigen Keramik- und Metallsiebe waren mühselig in der Handhabung: Fielen sie zu großporig aus, hatte man den unliebsamen Satz in der Tasse, zu kleine Löcher dagegen verstopften schnell und nichts floss mehr.

Original Melitta-Kaffee-filter und -Tüten.

Kurzerhand nahm Melitta Bentz einen Messingbecher, schlug mit Hammer und einem spitzen Nagel kleine Löcher in den Boden und legte besagtes Löschpapier hinein. Den Becher setzte sie auf eine Kanne und füllte Pulver in den improvisierten Filter. Dann goss sie heißes Wasser, ließ es durchsickern und trank endlich satzfreien Kaffee.

„Das Aroma des Filtrats erwies sich als köstlich und bekömmlich", sagt Martin Möcking, Gastronom aus Uhldingen-Mühlhofen. „In dem Papier blieben neben dem Mahlgut auch die Öle der gerösteten Bohnen zurück. Damit schmeckte der Kaffee nicht mehr so bitter."

Die findige Hausfrau verfeinerte den Prototyp und beantragte beim Kaiserlichen Patentamt in Berlin die Eintragung in die Gebrauchsmusterrolle für den „Kaffeefilter mit nach unten gewölbten, mit einem Abflussloch versehenem Boden und lose einliegendem Siebe". Am 15. Dezember 1908 gründete das Ehepaar Hugo (1873-1946) und Melitta Bentz mit einem Startkapital von nur 73 Reichspfennigen ihr eigenes Unternehmen: Melitta.

Firmensitz war die Wohnung der Familie in der Marshallstraße 31 in Dresden. Von nun an wurde eifrig gehämmert: Selbst die beiden Söhne Willy und Horst packten kräftig mit an und schlugen Löcher in kleine Messingtöpfe. Anschließend brachten sie die gesäuberte und verpackte Ware im Bollerwagen zum nächsten Postamt.

Schon nach kurzer Zeit verbuchte man größere Erfolge: Auf der Leipziger Messe 1909 verkauften Melitta und Hugo Bentz rund 1200 Kaffeefilter. 1910 fertigte das kleine Familienunternehmen bereits den ersten Rundfilter aus Aluminium. Im selben Jahr wurde dem „Melitta-Filtrierapparat" die goldene Medaille der Internationalen Hygieneausstellung in Dresden verliehen.

„In den Anfangsjahren war die Neuheit dennoch erklärungsbedürftig", berichtet Martin Möcking, „ähnlich wie bei den Staubsaugern der Marke Vorwerk zogen Vorführdamen übers Land, um das Produkt anzupreisen."

Sechs Jahre nach der Gründung des Unternehmens wurde die Wohnung in der Marshallstraße zu eng für die Produktion. Der Familienbetrieb zog in die Wilder-Mann-Straße 15. Die Nachfrage stieg innerhalb der kommenden Jahre rasant an – auch wenn es anfangs noch einer Gebrauchsanweisung von 26 Zeilen zur richtigen Benutzung des Filters bedurfte. Nach dem Ersten Weltkrieg machte Melitta Bentz einen beispiellosen Umsatz, da es keine Konkurrenzunternehmen gab. Ab 1919 wurden die Filter nicht mehr aus Aluminium, sondern aus Porzellan oder Keramik gefertigt. Zum Schutz vor Nachahmern führte Melitta 1925 die heute noch übliche rot-grüne Farbkombination für ihre Filterpapierpackungen ein.

Das Unternehmen wurde ständig erweitert, im Jahr 1927 arbeiteten bereits 80 Beschäftigte in Doppelschichten.

Den Wiedererkennungswert sicherte sich die Marke Anfang der 1930er-Jahre mit einem firmeneigenen Schriftzug. 1936 erhielt der Filter seine typisch konische Form. Passend dazu kamen die heute noch gebräuchlichen Melitta-Filtertüten auf den Markt. Der Name „Filtertüte" ist seit 1963 ein geschütztes Warenzeichen. Die Erfindung hat es sogar bis in den Duden geschafft: Fil|ter|tü|te®, die: aus Filterpapier bestehender tütenförmiger Einsatz.

Auch Martin Möcking schmeckt frisch aufgebrühter Kaffee besser als Kaffee aus dem Vollautomaten. „Wichtig ist, darauf zu achten, dass das Wasser im Moment des Aufbrühens nicht mehr kocht – sonst dampft man die Aromen weg", verrät der Gastronom. „Mich erinnert schon allein der Duft an meine Kindheit. Wenn die Großeltern sich ihren nachmittäglichen Kaffee aufgebrüht hatten, entfaltete sich im ganzen Haus ein köstliches Aroma."

Manuela Klaas

Der perfekte Kaffee …

… muss frisch gemahlen werden. Das Verhältnis von Kaffee zu Wasser beträgt 60 Gramm Kaffee auf 1 Liter Wasser. Dieses wird zum Kochen gebracht und auf etwa 96 °C heruntergekühlt. Immer nur so viel Wasser aufgießen, dass das Kaffeemehl durchnässt wird.

38

Ball

Eine runde Sache!

„Mama, Papa, Ball!" Häufig ist das Spielzeug der dritte Begriff im Wortschatz eines Kleinkinds. „Ball" ist nicht nur deshalb sehr beliebt, weil es sich gut aussprechen lässt, sondern auch, weil der Ball schon immer fasziniert hat. Eine Faszination, die bei Millionen Menschen bis ins Erwachsenenalter reicht. Auch für den Organisten Marcus Breitenauer aus Mayen ist das Wort „Ball" durch und durch positiv besetzt. In seinem Leben gab es schon immer zwei große Passionen: Orgelspiel und Sport, besonders Fußball. Der sportbegeisterte Organist hat nach einer Antwort auf die Frage der Herkunft des Balles gesucht und festgestellt, dass es gar nicht so einfach ist, die Erfindung des Balls eindeutig zuzuordnen. „Es war eher eine Entwicklung", sagt Breitenauer. „In China kannte man den Lederball schon in vorchristlicher Zeit, allerdings war er nicht mit Luft, sondern mit Federn und Tierhaaren gefüllt." Erst zwischen 220 und 680 erfanden Chinesen den luftgefüllten Ball.

Die älteste Spur eines Fußballspiels führt bis ins 2. Jahrtausend v. Chr. zum chinesischen Spiel ‚Ts'uh-küh' oder „Tsu' Chu", was wörtlich übersetzt „mit dem Fuß stoßen" bedeutet. Die Spieler versuchten, den Ball in ein Netz von etwa 40 Zentimetern Breite zu befördern. Dann entdeckten die Japaner den Ball für sich – das Spiel, das sie dazu erfanden, hieß „Kemari" und hatte eher kultischen Charakter. Kemari fand im Tempelbezirk statt, Ziel des Spiels war, den Ball durch Fußtritte so lange wie möglich in der Luft zu halten, wobei die Spieler im Kreis standen.

In Europa wurde Fußball im antiken Griechenland und bei den Römern zur Körperertüchtigung eingesetzt. Platon sprach von *Sphairomachia* (Ballschlacht), was eine sehr raue Spielweise vermuten lässt. Das griechische Spiel hieß „Episkyros", allerdings ist hierüber wenig bekannt. Mehr weiß man über das „Harpastum", bei dem zwei Mannschaften auf einem begrenzten, rechteckigen Feld spielten.

Der Ball wurde in den unterschiedlichsten Größen und Macharten schon früh für die unterschiedlichsten Sportarten genutzt.

Der Ball erinnert Marcus Breitenauer an die Zeiten, als er selbst aktiv Fußball gespielt hat.

Im Mittelalter hatte der Fußball seinen Mittelpunkt in Italien. „In Florenz auf dem Kirchplatz haben Spiele stattgefunden", sagt Marcus Breitenauer. Es gab zwei Zelte als Tore und jedes Team hatte nicht elf, sondern 27 Spieler.

Mit der Zeit wurden die aufgeblasenen Schweineblasen, Bälle aus Kokosnuss, Flechtwerk und Pflanzenfasern durch Kunststoff, Gummi und Filz ersetzt. Lederbälle bleiben nach wie vor im Gebrauch. Der moderne Fußball entstand 1863 in England. Damals gründete sich der erste Fußballverband (FA). Heute bevölkern Millionen fußballbegeisterte Männer und Frauen die Welt. Marcus Breitenauer ist einer von ihnen. Auch, wenn er nicht mehr aktiv spielt: Das Gefühl eines Balles, der den Fuß berührt, ist für den Organisten ähnlich schön wie der Moment, wenn sich seine Finger auf die Orgeltastatur legen.

Eva-Maria Bast

Noch mehr Ballspiele

Die Griechen und Römer spielten lange Zeit ein Spiel, bei dem es erlaubt war, den Ball zu tragen und zu treten. Erst in der 2. Hälfte des 19. Jahrhunderts wurde das getrennt – in Rugby und Fußball. Wobei der Ball auch beim Fußball zunächst noch getragen werden durfte. Tennis brachten die Kreuzfahrer mit – sie hatten die Sarazenen im Heiligen Land beim Spiel beobachtet. In Europa durften es jedoch nur der Hochadel und die Geistlichen spielen. Golf war im 15. Jahrhundert in Holland und Schottland bekannt, wo man es in den Dünen spielte, und Korbball erwähnte bereits der persische Dichter Omar-i Chajjam im 12. Jahrhundert. Basketball, wie wir es heute kennen, entstand erst 1892. Kricket kannte man in England schon im 16. Jahrhundert.

Daniel Bartels findet die Geschichte der Schlüssel faszinierend.

39

Schlüssel

Der lange Weg zum gesicherten Eigentum

Jeden Tag liegen sie in unserer Hand: Schlüssel. Wir schließen unser Auto oder Fahrrad ab und gleich darauf die Haustür auf. Nichts scheint alltäglicher als einen Schlüssel ins Schloss zu stecken. Doch wer von uns hat je mit der Frage aufgeschlossen, wo der Ursprung des Schlüssels liegt? Daniel Bartels hat. Er findet es faszinierend, dass es sich beim Schlüssel um eines der ältesten von Menschenhand geschaffenen Werkzeuge handelt. Obendrein hat er während seiner Zeit als Zimmermann so manche Tür in die dafür vorgesehenen Zargen eingepasst und kann auch ein Schloss ein- und

147

ausbauen. Obwohl er inzwischen als Flugbegleiter arbeitet, hat er diese Fähigkeit nicht verloren. Obendrein stehen Schlüssel und Schloss ja auch für Sicherheit, ein großes Thema in der Flugzeugbranche. „Dieses Bedürfnis, das Eigentum oder die privaten Räume zu schützen, ist Jahrtausende alt", hat er recherchiert. „Schon aus der Bronzezeit sind sichelförmige Hakenschlüssel bekannt, die man in Pfahlbausiedlungen im Alpenraumsichel fand."

In der Antike stellten die Ägypter sogenannte Stoßschlüssel her, bei denen eine Stoßbewegung das Schloss aufschnappen ließ. Die Griechen hingegen erfanden bereits Schlüssel, die unseren heutigen sehr ähneln, wenn der Akt des Türöffnens und des Türschließens auch etwas komplizierter war, zumindest von außen. Von innen legte man einfach einen Balken vor die Tür. Natürlich musste das Haus aber auch von außen schützbar sein. Und das war alles andere als einfach. Doch die findigen Griechen wussten sich zu helfen. Sie bedienten sich einer Schnur, die sie durch ein Loch in der Tür – ähnlich unserem heutigen Schlüsselloch – schoben. Wenn die Tür nun verriegelt wurde, musste nur noch an der Schnur gezogen werden und der Balken schob sich zur Seite – die Tür verschloss sich. Und wie ging sie wieder auf? Dafür brauchten die Griechen eben jenen Schlüssel, der unseren heutigen recht ähnlich ist: Durch ein zweites Loch wurde ein Hakenschlüssel, auch unter dem Begriff „lakonischer Schlüssel" bekannt, gesteckt, mit dem der Balken im Innern geöffnet werden konnte. Um diesen Vorgang zu erleichtern, war dieser Balken mit Zacken ausgestattet, in die der Hakenschlüssel greifen konnte.

Ein Schlüssel aus der Antike.

Um 500 v. Chr. wurde der Schlüssel stetig weiterentwickelt. Im alten Griechenland entstanden nach und nach mehrzinkige Schlüssel, die bereits in ein Schloss griffen, das sogenannte Balanos-Schloss.

Während der Kaiserzeit lösten die Römer, die die Konstruktionen der Griechen weitgehend übernahmen, die Riegel aus Holz durch Metall ab und erfanden die sogenannte Hebe-Schiebe-Technik. Wie der Name schon sagt, wurde hier mittels eines speziell für diese Aufgabe gefertigten Schlüssels ein Hebel im Inneren des Schlosses angehoben, um dieses zur Seite zu bewegen.

Im Mittelalter setzte sich das Drehschlüsselprinzip durch, wie wir es heute noch kennen, die Bartprofile wurden immer komplexer, die Schlüsseltechnik immer ausgefeilter. Und heute? Braucht es gar nicht unbedingt mehr Schlüssel, die ins Schloss geschoben werden. In Autos werden sie manchmal durch Karten oder Funksignale ersetzt und Häuser kann man heute auch mit einer Nummernkombination verschließen oder öffnen. Aber ob das besser ist? Mit den Zahlenkombinationen entgeht man zwar der Gefahr, nicht mehr ins Haus zu kommen, weil man den Schüssel verloren hat, aber Zahlen kann man vergessen. Und irgendwie hat der Akt des Aufschließens ja auch etwas Schönes, findet Daniel Bartels. „Der Moment, in dem man den Schlüssel ins Schloss des eigenen Zuhauses steckt und umdreht, ist doch immer wieder ein ganz besonderer und durch keinen PinCode zu ersetzen."

„Der Moment, in dem man den Schlüssel ins Schloss des eigenen Zuhauses steckt und umdreht ist doch immer wieder ein ganz besonderer und durch keinen PinCode zu ersetzen."

Eva-Maria Bast

....

Petrus und die Schlüssel

Auch in der Bibel spielen Schlüssel eine entscheidende Rolle: In Matthäus 16,19 sagt Christus zu Petrus: „Ich will dir die Schlüssel des Himmelreichs geben: Was du auf Erden binden wirst, soll auch im Himmel gebunden sein, und was du auf Erden lösen wirst, soll auch im Himmel gelöst sein". Die Schlüssel sind Petrus' Attribut und das Symbol des Papstes als Nachfolger Petri und Stellvertreter Jesu Christi auf der Erde. Deshalb finden sich die Schlüssel im Päpstlichen Wappen, im Wappen der Vatikanstadt und im Wappen des Heiligen Stuhls.

40

Dauerwelle

Unter der Haube

Gerlinde Bosch hat sich einen Traum erfüllt: Als die Friseurmeisterin 2004 ihren eigenen Salon eröffnete, legte sie besonderes Augenmerk auf die Einrichtung. Sie sollte historisch sein, ihr schwebte ein Damen- und Herrensalon vor, der mindestens aus der Zeit des Wirtschaftswunders stammte. Es war ein Glücksfall, dass sie auf das Inventar eines Salons aus den 1920er-Jahren stieß.

Heute kann man anhand von alten Brennzangen, Rasiermessern und Wicklern die „Leiden", die frühere Generationen für die Schönheit ertrugen, in ihrem Geschäft nachempfinden. Ein besonderes Schmuckstück ist ein Dauerwellenapparat aus jener Zeit.

Gerlinde Bosch ist von dem historischen Gerät fasziniert: „Es erinnert ein wenig an eine Apparatur zur Gedankenkontrolle", sagt sie lachend und zieht an den herabhängenden Strippen. „Teleskopartige Röhren baumeln an langen Kabeln über dem Kopf der Kundin – wie in einem Science-Fiction-Film."

Entwickelt hat die Maschine der badische Friseurmeister Karl Ludwig Nessler (1872-1951). Schon früh tüftelte der Sohn eines Schuhmachers aus Todtnau im Schwarzwald an einer Methode, glattes Haar zu locken. Die Idee kam ihm, als er beobachtete, wie sich Gräser vollgesogen vom Morgentau ähnlich wie Haarlocken zusammenzogen. Mit der aufsteigenden Sonne verloren die Pflanzen an Feuchtigkeit und rollten sich wieder aus. Der junge Nessler notierte seine Beobachtungen in einem Buch. Auch studierte er das Haar seiner Schwestern, das bei der einen gelockt und bei der anderen glatt war. „Wenn es gelänge, glattes Haar aufzubrechen und porös zu machen", dachte er sich, „könnte man es vielleicht auch locken."

„Für erste Versuche erklärte sich seine spätere Ehefrau Katharina Laible bereit", erzählt Gerlinde Bosch. „Wiederholt wickelte Nessler drei ihrer Haarsträhnen auf Metallstäbe und bestrich diese mit einer

Einmal kringeln, bitte: Gerlinde Bosch besitzt einen nesslerschen Dauerwellenapparat aus den 1920er-Jahren.

übel riechenden Tinktur aus Borax und Soda. Über die Wickler stülpte Nessler im Kaminfeuer erwärmte Zangen – das Haar wurde förmlich gekocht. Man kann sich vorstellen, was das für eine Tortur gewesen sein muss."

Katharina Laible trug bei dem Unterfangen zahlreiche Brandblasen und verschmorte Haare davon. Doch nach etlichen Anläufen hatte Nessler das Verfahren soweit optimiert, dass die Locken auch nach dem Waschen wieder in Form sprangen.

„Die Dauerwelle war zu Beginn des 20. Jahrhunderts eine bahnbrechende Erfindung", konstatiert Gerlinde Bosch. „Am 8. Oktober 1906 präsentierte Karl Ludwig Nessler seine neue Wellentechnik in London."

Die eingeladenen Kollegen zeigten sich in ihren Reaktionen allerdings äußerst zurückhaltend, um nicht zu sagen misstrauisch. Sie befürchteten den Verlust ihrer Stammkunden. Die Angst schien nicht unbegründet, denn die Damenwelt zeigte sich von Nesslers Erfindung durchweg begeistert. Der Mann aus dem Schwarzwald erfuhr in seinem Friseursalon, den er inzwischen in der britischen Hauptstadt eröffnet hatte, regen Zulauf. Auch wurde Nessler des Öfteren nach Paris gerufen, um reichen Französinnen eigenhändig Dauerwellen zu legen.

1909 verbesserte er die Technik seiner Apparatur: Statt der heißen Zangen verwendete er nun elektrische Heizpatronen. „1910 wurde ihm das Patent für seine *permanent wave machine*, dem Dauerwellenapparat, erteilt", berichtet die Immenstaader Friseurmeisterin. „Er sah ähnlich aus wie jenes Modell, das zu unserem Inventar gehört."

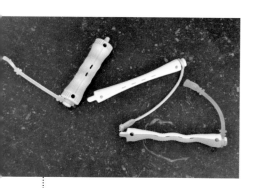

Die heute verwendeten Dauerwellenwickler bestehen aus Hartgummi, sind meist zweifarbig und werden mit einem Gummiband fixiert.

Als der Erste Weltkrieg begann, stand Nessler kurz vor dem Durchbruch. Da er in England jedoch als Ausländer galt, wurde sein Salon in der Oxford Street enteignet und er selbst ins Internierungslager eingewiesen. Im Januar 1915 gelang ihm die Flucht. Mit einem gefälschten Pass fuhr er auf einem Passagierdampfer von Southampton nach New York.

„Hier erlebte der gebürtige Deutsche einen kometenhaften Aufstieg", berichtet Gerlinde Bosch. „In der East 49th Street belegte er mit seinen Geschäften eine komplette Häuserfront, später kamen ein Salon am Broadway und ein weiterer an der Ecke 5th Avenue und 42nd Street hinzu." Der von Locken besessene Tüftler war ein gemachter Mann.

„Für erste Versuche erklärte sich seine spätere Ehefrau Katharina Laible bereit."

„Die Damen der obersten Gesellschaft New Yorks, darunter die Frau des Präsidenten Wilson, bevorzugten den Salon des Todtnauer Frisörmeisters und bezahlten ihm für eine Sitzung bis zu 120 Dollar", heißt es in einem Brief aus dem Jahr 1955 des Kaufmanns Wilhelm Dietsche, der ebenfalls aus Nesslers Geburtsort stammte. In den Schaufenstern der New Yorker Salons standen große Wasserbecken, in denen eine dauergewellte Haarsträhne schwamm. So konnten sich die vorbeischlendernden Passanten mit eigenen Augen von der Haltbarkeit der nesslerschen Wellentechnik überzeugen.

Im Jahr 1919 gelang es auch Katharina Nessler mit den vier gemeinsamen Kindern England endlich zu verlassen und ihrem Mann nach Amerika zu folgen. Bis 1927 eröffnete Nessler zahlreiche Filialen in Chicago, Philadelphia, Detroit und Palm Beach mit rund 500 Angestellten. Auf dem wirtschaftlichen Höhepunkt verkaufte der erfolgreiche Unternehmer das von ihm geschaffene Imperium für mehr als 1,5 Millionen Dollar. Einen Großteil des Geldes legte Nessler in Kupferaktien an. Durch den Börsencrash am 24. Oktober 1929 verlor er mehrere Millionen Dollar. Und er sollte noch mehr Pech haben: Nur wenig später brannten Nesslers Haus sowie sein Labor nieder – die Aufzeichnungen und Lizenzverträge konnte er nicht retten. Als 1935 auch noch seine Frau Katharina starb, zog sich der Frisörmeister aus dem öffentlichen Leben zurück. Karl Ludwig Nessler starb am 22. Januar 1951 einsam und verarmt in seinem Haus in Harrington Park, New Jersey.

„Beliebt war die Dauerwelle vor allem in den 1980er-Jahren, als Frauen wilde Lockenmähnen hatten und sich auch Männer eine Minipli legen ließen", sagt die Friseurmeisterin. „Heutzutage steht doch eher die Haarfarbe im Vordergrund und wir wickeln wesentlich weniger Dauerwellen als früher. Seit etwa 20 Jahren verwenden wir Lockenstäbe oder – für die weiche Welle – Glätteisen; auch wenn die Techniken und Chemikalien für die permanente Welle wesentlich schonender sind als noch zu Nesslers Zeiten."

In Gerlinde Boschs Salon scheint die Zeit trotz aller Neuerungen stehengeblieben zu sein. Neben historischen Spiegeln und Friseurstühlen gibt es auch noch die alten Waschbecken mit Knebelarmaturen für heißes und kaltes Wasser. Dabei ist das schmucke Geschäft beileibe kein Museum: An fünf Tagen in der Woche werden hier Kundenwünsche erfüllt – ganz gleich, ob mit oder ohne Locken.

Manuela Klaas

Der erste Lockenwickler

Schon im antiken Griechenland galten Locken als Schönheitsideal. Hier wurde auch die Urform des Lockenwicklers, das Calamistrum, erfunden. Die damals aus Metall gefertigten Rohre wurden zuerst in Holzasche erwärmt und dann ins Haar eingedreht. Das Calamistrum gilt als Vorläufer der modernen Heißwickler, da die Funktionsweise vergleichbar ist.

Volker Karcher liebt das Radfahren. Mit all seinen Annehmlichkeiten.

41

Fahrrad

Die Sache mit den zwei Rädern

„Doch!", sagt Volker Karcher und strahlt. „Wirklich." Volker Karcher ist begeisterter Radfahrer und ebenso begeisterter Hobbyhistoriker. Deshalb freut er sich immer mächtig, wenn er jemanden mit der Aussage verblüffen kann, dass die Erfindung des Fahrrads mit einem Vulkanausbruch zusammenhängt. Im April 1815 sorgte der Ausbruch des Tambora-Vulkans in Indonesien für eine erhebliche Verdunklung des Himmels: Staubmassen breiteten sich über die ganze Welt aus und sorgten für globale Ernteausfälle. In diesem „Jahr ohne Sommer" mussten Mensch und Tier schlimmen Hunger erleiden, der Getreidevorrat schrumpfte, die Haferpreise stiegen ins Uferlose. Viele Pferde starben jämmerlich. Damit war den Menschen ein wichtiges Transportmittel weggebrochen.

Schon 1813 hatte der Erfinder Karl Friedrich Drais, Freiherr von Sauerbronn notiert: „In Kriegszeiten, wo die Pferde und ihr Futter oft selten werden, könnte ein solcher Wagen (ohne Pferde) wichtig sein". Durch verschiedene Experimente entwickelte er einen Wagen, der über eine Kurbel angetrieben wurde und taufte seine Erfindung „Wagen ohne Pferde". Allerdings hatte dieser Wagen vier Räder und die Schlaglöcher auf den Straßen machten das Fahren durch den hohen Rollwiderstand zu einer Herausforderung. Es war Historiker Hans-Erhard Lessing, der im Jahr 1996 die These aufstellte, die Erfindung des Fahrrads gehe auf den Vulkanausbruch zurück. Als bewiesen gilt dies nicht. Klar ist jedoch, dass Drais auf die Idee kam, den Wagen in der Mitte zu teilen – angeblich kam dieser Geistesblitz beim Skifahren. „Durch die Zweirädrigkeit war ein niedrigerer Rollwiderstand gewährleistet", erklärt Volker Karcher. „Weiter stieg die Möglichkeit, Schlaglöchern auszuweichen." Getreu dem Sprichwort: „Erst wenn das Rad gebrochen, weiß man Bescheid um gute Wege", brach Drais die Anzahl der Räder also von vier auf zwei herunter. Drei Jahre später war das erste Velociped fertig. Es hatte ein lenkbares Vorderrad und funktionierte mit Beinantrieb. Der Fahrer stieß sich abwechselnd mit dem rechten und linken Bein vom Boden ab. Am 12. Juni 1817 machte sich der in Mannheim lebende Drais zu einer etwa sieben Kilometer langen Probefahrt auf, bei der er mit einer Durchschnittsgeschwindigkeit von 15 km/h unterwegs war. „Der Freyherr Karl von Drais, welcher nach glaubwürdigen Zeugnissen, Donnerstag den 12ten Juny d. J. mit der neuesten Gattung der von ihm erfundenen Fahrmaschinen

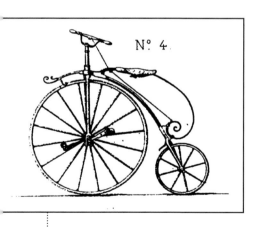

Pariser Hochrad Ravier&Schmit 1869/70 (mit Holzspeichen).

ohne Pferd von Mannheim bis an das Schwetzinger Rebenhaus und wieder zurück, also 4 Poststunden Wegs in einer Stunde Zeit gefahren ist, hat mit der nemlichen Maschine den steilen, zwey Stunden betragenden Gebirgsweg von Gernsbach hierher in ungefähr einer Stunde zurückgelegt, und auch hier mehrere Kunstliebhaber von der großen Schnelligkeit dieser sehr interessanten Fahrmaschine überzeugt", berichtete das Badwochenblatt am 29. Juli 1817.

Drais unternahm zahlreiche Fahrten mit dem Ziel, bekannt zu werden. Und seine Mühe zahlte sich aus: Am 12. Januar 1818 bekam er das Großherzogliche Privileg für seine Erfindung verliehen. 1839 drehte dann ein Schotte das Rad der Erfindung weiter: der Schmied Kirkpatrick Macmillan (1812-1878) erfand ein Zweirad mit Fußtritten, die an langen Pendeln befestigt waren. Damit wurde das Hinterrad angetrieben, ohne dass die Füße den Boden berührten. 21 Jahre sollten vergehen, bis 1861 der französische Wagenbauer Ernest Michaux (1842-1883) ein Rad baute, bei dem die Pedale am Vorderrad angebracht waren. „Daraus entwickelte sich dann das Hochrad", erzählt Volker Karcher. Die Erfindung der Speichenräder, die Einführung der Rollkette und die Ausstattung mit weiteren Annehmlichkeiten wie Gummibereifung und Stahlfelgen machte das Fahrrad in den folgenden Jahren und Jahrzehnten immer mehr zu einer runden Sache.

Eva-Maria Bast

Folgen des Vulkanausbruchs

Der Ausbruch des Tambora-Vulkans hatte mehr Folgen als die von Lessing angenommene Erfindung des Fahrrads: Zwei Jahre nach dem Vulkanausbruch stiegen die Temperaturen auf ein Normalmaß, was dazu führte, dass Eis und Schnee aus diesen zwei Jahren schmolzen und es weltweit zu Hochwasser kam. Auch der Bodensee trat über die Ufer. Der Konstanzer Archivar Nikolaus Fidelis Marmor schrieb in seiner Topographie davon, dass man in den Häusern und Straßen sogar Fische fangen konnte. Idyllisch war das aber nicht: „Das Wasser, welches alle Unreinheiten aus den Mauern, Gräbern und Abtritten zog, hatte eine üble Farbe und üblen Geruch. Mehrere Männer, die barfuß in Kellern oder Gärten Geschäfte verrichteten, bekamen Geschwüre und offene Füße, ja mehrere junge Männer starben daran."

Eigentlich wollte Walter Hunt vermeiden, dass sich jemand an seiner Erfindung sticht. Marc Müller demonstriert anschaulich, was hätte passieren können, wenn der Amerikaner seinen Verschlussmechanismus nicht so gut durchdacht hätte.

42

Sicherheitsnadel

Erfunden in drei Stunden

Jeder kennt sie, aber kaum jemand macht sich Gedanken zu dem kleinen Stück Federstahl. Dabei ist die Sicherheitsnadel unverzichtbar, wenn ein Kleidungsstück rutscht, reißt oder überraschenderweise ein Knopf fehlt.

Der Hamburger Marc Müller findet die Idee der verschließbaren Nadel genial: „Das Beste an der Sicherheitsnadel ist, dass man sich nicht mehr verletzen kann, sobald sie geschlossen ist. Ein versehentliches Heraus-rutschen ist wegen des Verschlussmechanismus nicht möglich."

Am 10. April 1849 ließ sich der Amerikaner Walter Hunt (1796-1859) die stählerne „Kleidernadel" patentieren. Doch gerade die Umstände, die zu diesem Patent führten, veranschaulichen das tragische Schicksal eines umtriebigen, aber ruhmlosen Erfinders.

Bereits 1816 hatte der junge Mechaniker Walter Hunt ein Flachsspinnrad entworfen, das sich unter den Arbeitern in seinem Heimatdorf Martinsburg im Bundesstaat New York großer Beliebtheit erfreute. Von diesem Moment an hatte Hunt das Erfinderfieber gepackt: Er konstruierte einen Messerschärfer, eine Pferdeeisenbahnglocke, einen Steinkohleofen, einen Füllfederhalter, das Dreirad, eine Straßenreinigungsmaschine und im Jahr 1834 die Nähmaschine. Aus Furcht, dass dadurch die Näherinnen arbeitslos würden, zögerte er mit der Patentierung. So kam es, dass der amerikanische Fabrikant Elias Howe (1819-1867) im Jahr 1846 das Patent für eine Zweifaden-Nähmaschine erhielt, das ihm – nach jahrelangen Patentstreitigkeiten mit der Firma Singer – letztendlich ein Vermögen einbrachte.

„Das Beste an der Sicherheitsnadel ist, dass man sich nicht mehr verletzen kann, sobald sie geschlossen ist."

„Hunt tüftelte um des Tüftelns willen – ob sich seine Einfälle im Alltag durchsetzten, interessierte ihn nicht", konstatiert Marc Müller.

Finanziell hielt sich Hunt gerade so über Wasser. Als er einem Kollegen wieder einmal 15 Dollar schuldete, nahm Hunt ein Stück Draht in die Hand und dachte nach. Drei Stunden später hatte er eine Kleidernadel entworfen, an der das eine Ende so umgebogen war, dass die Nadelspitze darin einrastete und nicht von selbst wieder aufging. Eine Spange, an der man sich nicht verletzen konnte.

Walter Hunt ließ sich die Nadel patentieren und verkaufte sogleich die Rechte für 400 Dollar an seinen Gläubiger. Nach Abzug der Schulden erhielt Hunt 385 Dollar ausgezahlt. Dies war zwar zur damaligen Zeit ein nicht unerheblicher Betrag, jedoch verglichen damit, was ihm die Erfindung hätte einbringen können, nur eine Kleinigkeit.

Die Sicherheitsnadel entwickelte sich zum Verkaufsschlager und erwirtschaftete dem Inhaber der Rechte fast eine Million Dollar. Sie sollte sich nicht nur im Schneiderhandwerk, sondern auch in der Kinderpflege bewähren. So wurden vor der Erfindung von Wegwerfwindeln auch Stoffwindeln (siehe Geschichte 18) mit ihr verschlossen. Seit den 1870er-Jahren wird die Sicherheitsnadel aus einem speziellen Federstahl mit Silizium-Legierung hergestellt. Das Silizium erhöht die Elastizitätsgrenze des Stahls.

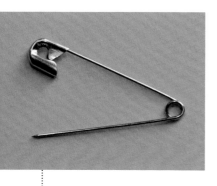

Wofür eine Sicherheitsnadel nützlich ist, fällt meist erst dann auf, wenn man sie braucht.

Weltweit werden immer noch jährlich rund 17 Milliarden Sicherheitsnadeln verkauft. Sie sind auch in heutiger Zeit ein nützliches Utensil zum provisorischen Aneinanderheften zweier Textilien: Neben der Anwendung im Haushalt, wie beispielsweise das Einziehen eines Gummibands in den Hosenbund, befestigen zudem Sportler ihre Startnummern mit den verschließbaren Nadeln am Trikot.

Marc Müller schätzt die Erfindung aus eigener Erfahrung. „Mir ist schon einmal der oberste Hosenknopf abgerissen", erzählt der Hamburger. „In der Situation war ich froh, als mir jemand eine Sicherheitsnadel gab. Die Hose wurde zusammengehalten, ich zog den Pullover drüber und niemand hat etwas gemerkt."

Manuela Klaas

Gewandnadel

Bereits in der Bronzezeit (2200-800 v. Chr.) gab es erste Formen einer Gewandnadel nach dem Prinzip der heutigen Sicherheitsnadel. Unsere Vorfahren nannten sie Fibel, lateinisch *fibula,* was „die Nadel" bedeutet. Griechen und Römer nutzen ebenfalls die Fibula, um die Enden ihrer Obergewänder auf der Schulter zusammenzuhalten. Bis ins 14. Jahrhundert waren sie die wichtigsten Kleidungsverschlüsse. Erst dann kam der Knopf in Mode.

Andreas Bühler in seiner Hobby-Werkstatt:
in Aktion mit der Bohrmaschine.

43

Bohrmaschine

Tiefenentspannt Löcher gebohrt

W as für eine Aufgabe! Die beiden jungen Stuttgarter Mechaniker Friedrich Heep und Jakob Wahl stehen im Jahr 1895 vor einer ungeheuren Fleißarbeit: Hunderte von Löchern sollen sie im Auftrag der Firma Fein in Stahl bohren. „Und da hatten die beiden eine grandiose Idee, die auch mir und Millionen anderen Handwerkern das Leben erleichtert", sagt Andreas Bühler, der allerdings kein beruflicher, sondern Hobbyhandwerker ist: Andreas Bühler baut mit großer Begeisterung an seinem Haus in Stuttgart, schraubt, nagelt, bohrt und sägt. „Die Männer haben einfach einen der Elektromotoren, die gerade erst erfunden wurden, genommen und auf diesen ein Bohrfutter, also das Element, in das der

Bohrer gesteckt wird, gesetzt", schildert er. Ruckzuck waren die Löcher gebohrt. Hätten die beiden nicht einen Chef mit einem Näschen für gute Geschäfte gehabt, wäre die Erfindung bestimmt nicht so schnell so berühmt geworden. „Doch Emil Fein, Sohn des Firmengründers, begriff gleich, dass die Bohrmaschine eine grandiose Entdeckung ist", erzählt Andreas Bühler. Willy Emil Fein (1842-1898) entwickelte gemeinsam mit Otto von Kallenbach (1911-1992) aus dem improvisierten Elektrobohrer eine marktreife Maschine, die zu den ersten Elektromaschinen überhaupt zählt. „Handlich kann man diese erste Bohrmaschine nicht nennen, mit ihren gut sieben Kilogramm", schmunzelt Bühler. „Sie hatte zwei Griffe und eine Brustplatte, womit man unterstützt durch 50 Watt und 1200 Umdrehungen den Bohrer ins Material versenken konnte."

Fein-Bohrmaschine aus dem Jahr 1895.

Wenn auch nicht elektrisch: Das Bohren als solches war schon in der Altsteinzeit, genauer gesagt, im Magdalénien circa 18.000 bis 12.000 v. Chr. bekannt, als Schmuckstücke aus durchbohrten Tierzähnen und Muscheln getragen wurden. In der Mittelsteinzeit durchbohrte man auch Tierknochen, Geweihe und vereinzelt Steinscheiben. Mit dem Übertritt in die Jungsteinzeit, die charakteristisch für das Durchbohren der Steine war, wurde zwischen zwei Varianten unterschieden. Die „unechte" Bohrung erreichte man durch das Picken von beiden Seiten. Man erhielt also quasi zwei Bohrlöcher. Bei der „echten" Bohrung wurde mit einem Bohrkopf aus Elfenbein, Hartholz, Stein oder Tierzähnen gearbeitet. Während der Bohrer sich in das Material fraß, nutzte er sich selbst ab, und man erhielt kein sauberes Bohrloch, sondern die typische V-förmige Struktur. Das Bohrloch verengte sich also nach innen. Und schon die Römer setzten sogenannte Rennspindeln ein. „Eine Rennspindel ist eine der ersten mechanischen Handbohrmaschinen", erklärt Andreas Bühler. Die Spindel oder auch Welle, war am unteren Ende mit einem Bohrer versehen. Darüber war eine Schwungscheibe angebracht. Über Riemen oder Schnüre wurde der bewegliche Drillgriff, eine Querstange zur Welle, mit dem Spindelkopf verbunden. Verdrehte man die Bohrspindel, wickelten sich die Riemen so auf, dass der Drillgriff nach oben gezogen wurde. Drückte man diesen nach unten, setzte das Schwungrad den Bohrer in Bewegung. „Man kann sich das Prinzip so vorstellen, wie wenn man eine Kordel drehen will, wenn die Schnüre verdreht werden, werden sie kürzer", ergänzt Bühler. Und diese Verkürzung der Schnüre führte dazu, dass der Drillgriff nach oben gezogen wurde. Drückte man den Drillgriff nach unten, setzte sich das Schwungrad in Bewegung und drehte den Bohrer. Durch diese Rotation wurden wieder die Schnüre verdreht und der Drillgriff wieder nach oben gezogen. „Mit dem richtigen Rhythmus kann man so ganz gut vorankommen", erklärt der Stuttgarter und erzählt die Geschichte zu Ende: „Bevor es zu der elektrischen Bohrmaschine kam, wurde der Bohrer immer häufiger durch Handkurbeln angetrieben." Je nach Übersetzung der Kurbel übertrug sich die Kraft unterschiedlich stark auf den Bohrer. „Erst im späten 19. Jahrhundert kamen immer mehr Elektromotoren auf, die nicht nur leistungsfähiger, sondern auch kleiner wurden", sagt Andreas Bühler, der seine elektrische Bohrmaschine den handbetriebenen Varianten bei Weitem vorzieht. So faszinierend sie auch sein mögen.

Eva-Maria Bast

Elektromotor

1834 gelang es dem Potsdamer Ingenieur Moritz Hermann Jacobi (1801-1874), den ersten praxistauglichen Elektromotor zu entwickeln. Finanziell wurde er von keinem Geringeren als dem russischen Zar Nikolaus I. unterstützt. Vier Jahre später konnte er mit seinem Elektroantrieb ein Schaufelboot mit 14 Personen innerhalb von zwei Stunden sieben Kilometer weit fahren lassen. Der Motor wurde von 64 Zink-Platin-Batterien betrieben und hatte immerhin eine Leistung von 220 Watt. Erfolgreich wurde dieser Elektromotor aber nicht, die Batterien waren schlicht zu teuer.

Alexander Ruhe speist nicht nur (selbstverständlich) mit Besteck, er kennt auch die Geschichte von Gabel, Messer und Löffel.

44

Besteck

Großes Misstrauen gegenüber der Gabel

„Mit der Gabel ist's 'ne Ehr, mit dem Löffel kriegt man mehr!" Diese Aussage beschreibt das Essverhalten der Menschen im Mittelalter, als eher raue Tischsitten vorherrschten und die Gabel als Symbol für den Teufel galt. „Das Besteck, wie es heute gebräuchlich ist, also Messer, Gabel und Löffel, setzte sich beim europäischen Bürgertum erst im 16. Jahrhundert durch", erzählt der Frankfurter Historiker Alexander Ruhe. Davor allerdings benutzten bereits Römer und Griechen Gabeln mit zwei Zinken, um Fleisch aus Töpfen herauszuholen. Schon in der Steinzeit haben die Menschen Faustkeile zum Zerkleinern benutzt, im Mittelalter wurde eine ganze Weile mit den Händen und später mit einem Löffel gegessen – ein besonders persönliches Besteck:

Der Löffel begleitete einen Menschen sein gesamtes Leben lang. Er wurde – wie häufig auch das Messer – am Gürtel getragen. Wer starb, gab im wahrsten Sinne des Sprichworts seinen Löffel ab. Ähnlich leicht lässt sich der Sinn der Redewendung „mit goldenem Löffel im Mund geboren sein" erklären: Wenn jemand in eine sehr reiche Familie hineingeboren wurde, aß er mit goldenem Besteck.

Löffel (von althochdeutsch *laffan*, mittelhochdeutsch *laffen*: schlürfen, lecken) bestanden zunächst aus Holz, Funde aus der Jungsteinzeit belegen jedoch auch schon Löffel aus Knochen. Ab dem 15. Jahrhundert gab es in Deutschland „Löffelmachereien". Zunächst nur aus einem Stück geschmiedet und dann mit der Feile in Form gebracht, wurden sie ab dem 18. Jahrhundert aus Blech geschnitten und geformt werden. Heute kennen wir gut 30 verschiedene Löffelarten.

Messer (ursprünglich aus Stein oder scharfen Muschelkanten) und Löffel sind wohl etwa gleich alt, zum Essen war die Benutzung des Messers allerdings zunächst nicht weit verbreitet, man verwendete es

Besteck wurde manchmal zu einem Schmuckstück, wie diese Beispiele aus den Museen der Stadt Bamberg.

vor allem zum Zerkleinern von Nahrungsmitteln. Nichtsdestotrotz gilt das Messer (vom westgermanischen *matizsahsa*; Felsen oder Stein) als wichtigstes Werkzeug des Menschen. Die Bezeichnung erklärt auch, woraus die Messer zunächst hergestellt waren. Die Entwicklung beginnt mit Faustkeilen aus Feuerstein und geht über Klingen aus

Bronze und Eisen ohne Griff bis hin zu reich verzierten Ritualmessern. Das Wort „Besteck" stammt aus dem Mittelalter und bezeichnete Löffel und Messer in einem Lederetui. Beim Messer kommen wir heute auf etwa elf verschiedene Formen.

„Die Gabel setzte sich erst deutlich nach Messer und Löffel durch", sagt Alexander Ruhe. Genutzt wurde das Besteck aber eben schon in römischer Zeit. Es kam von Byzanz aus etwa im Frühmittelalter zu den Normannen und in der Spätrenaissance nach Italien. In Deutschland hielt die Gabel im 16. Jahrhundert Einzug, und zwar im Nürnberger Hof, dem größten Messequartier Frankfurts. Dort hatten sich die Nürnberger Kaufleute, die bis dahin alle gemeinsam um eine Kuhle in einem großen Tisch saßen und ihre Suppe nach strikter Hierarchie aus dieser Kuhle löffelten, von den italienischen Kaufleuten die Gabel und den einzelnen Teller abgeschaut. Die Gabel mag wohl das Besteck gewesen sein, das man am skeptischsten beäugte: Dem Kirchenlehrer Petrus Damiani (1006-1072) zufolge, führte eine byzantinische Prinzessin die Gabeln ein. Damiani sah das als „sündhafte Verweichlichung". Andere fanden die Gabel nicht bedenklich, trauten sich aber nicht so recht, sie zu verwenden: Ein Teilnehmer einer Mahlzeit berichtete um 1600: „Während ich einen saftigen Braten verzehrte, bemerkte ich vier Herren, die nicht ein einziges Mal das Fleisch mit den Fingern berührten. Sie führten Gabeln zum Mund und beugten sich tief über ihre Teller. Da ich keine Erfahrung besaß, wagte ich nicht, es ihnen nachzutun, und aß nur mit meinem Messer."

Eva-Maria Bast

Gabel-Zitate

Luther sagte 1518: „Gott behüte mich vor Gäbelchen." Und in italienischen Tischregeln, veröffentlicht zu Beginn des 17. Jahrhunderts, ist zu lesen: „Unsere Mitglieder mögen von ihrem Tisch Gabeln und Löffel verbannen. Hat uns die Natur nicht fünf Finger an jeder Hand geschenkt? Warum wollen wir sie mit jenen dummen Instrumenten beleidigen, die eher dazu geschaffen sind, Heu aufzuladen als das Essen?"

Tobias Meyer stieß bei Recherchen zu Marcus Goldman, dem Gründer des Unternehmens Goldman Sachs, zufällig auf den namensverwandten Erfinder des Einkaufswagens.

45

Einkaufswagen
Als die Waren rollen lernten

Manche Dinge des Alltags sind so hilfreich, dass man sie einfach erfinden musste. So auch der Einkaufswagen, der weltweit millionenfach durch die Supermärkte rollt. Dabei wollte ihn anfangs niemand wirklich benutzen. Dem Eigentümer der Humpty-Dumpty-Supermarktkette im US-amerikanischen Oklahoma City, Sylvan Nathan Goldman (1898-1984), fiel Mitte der 1930er-Jahre auf, dass seine Kunden mit dem Tragen ihrer vollbeladenen Einkaufskörbe überfordert waren. Auch hätte er sie gerne zu noch umfangreicheren Käufen animiert. Eines Nachmittags im Jahre 1936 saß Goldman in seinem Büro und grübelte über dem Problem. Ihm gegenüber standen zwei Klappstühle und dem findigen Geschäftsmann kam ein Geistesblitz: Schöbe man die beiden Stühle zusammen und montiere zudem Rollen an die Unterseiten der Beine, so könnten die Kunden ihre Warenkörbe auf die Sitzflächen stellen. Das ganze Gefährt ließe sich dann mühelos durch die Regalreihen schieben. Gedacht, getan: Gemeinsam mit seinem Mitarbeiter Fred Jung entwickelte Goldman aus den beiden Klappstühlen einen fahrbaren Warenkorb. Wobei den beiden mitten in der Konstruktion auffiel, dass sie ja die Sitzflächen gar nicht benötigten, sondern an ihrer statt gleich Metallkörbe anbringen könnten.

Am 4. Juli 1937 präsentierte Goldman erstmals die rollenden Transporthilfen. „Seine geniale Idee erwies sich jedoch zunächst als Flop: Männer wollten keineswegs als Schwächlinge dastehen, die nicht in der Lage waren, ihre Einkäufe zu tragen, und Frauen erinnerte das neue Gefährt an einen behäbigen Kinderwagen", erzählt Tobias Meyer. Der Bremer Wirtschaftsjournalist recherchierte eigentlich gerade zu der Geschichte von Marcus Goldman (1821-1904), dem Gründer des Unternehmens Goldman Sachs, als er zufällig auf den ihm bis dahin unbekannten Sylvan Nathan Goldman stieß. „Es ist ja oft so: Man kennt die Namen vieler großer Erfinder. Aber wer weiß schon, wer den Einkaufswagen entwickelt hat? Kaum jemand! Wir nutzen ihn wie so vieles in unserem Alltag ganz selbstverständlich, ohne zu hinterfragen, wer eigentlich die Idee dazu hatte."

Tobias Meyer war neugierig geworden, also verfolgte er die Geschichte weiter und stellte fest: Um seine Einkaufswagen beliebter zu machen, griff Goldman zu einem Trick. Er engagierte Statisten beiderlei Geschlechts und unterschiedlichen Alters, die tagelang lässig und frohgelaunt randvolle Einkaufswagen durch die Gänge von Humpty Dumpty schoben. „Das funktionierte tatsächlich", sagt Tobias Meyer. „Schon bald waren die rollenden Wagen aus Goldmans Filialen nicht mehr wegzudenken."

Auch seine Mitbewerber erkannten schnell die Vorteile der Goldman'schen Konstruktion, fasste das Korbvolumen des ersten Modells doch bereits 40 Liter. Als der amerikanische Geschäftsmann seine Erfindung am 15. März 1938 zum Patent anmeldete, war diese bereits so populär, dass die Inhaber weiterer Supermärkte Schlange standen, um eine Lizenz für das neue Gefährt zu erhalten. Goldman erkannte, dass sich mit den Wagen ein gutes Geschäft machen ließe und gründete die „Folding Basket Carrier Corporation". Fortan verdiente er sein Geld mit dem Vertrieb von Einkaufswagen.

Doch die Konkurrenz schlief nicht: Der amerikanische Ingenieur Orla E. Watson (1896-1983) entwickelte 1946 Goldmans Idee weiter: Er baute einen Wagen mit verjüngter Vorder- und einklappbarer Rückseite und meldete sein Modell „telescoping shopping cart", Teleskopwagen, zum Patent an. Nun ließen sich mehrere Wagen platzsparend ineinanderschieben.

Goldman verklagte Watson. Nach einem langwierigen Rechtsstreit einigten sich die beiden Kontrahenten. Goldman erkannte Watsons Patent an und Watson wiederum erteilte Goldman die Lizenz, den Klappmechanismus auch in seine Modelle einbauen zu dürfen.

„1949 rollten Einkaufswagen erstmals auch durch deutsche Läden", berichtet Tobias Meyer. „Dabei handelte es sich um fahrbare Gestelle, in die zwei Drahtkörbe übereinander eingehängt werden konnten. Ab 1950 gab es dann bereits Modelle mit festem Korb."

„So ein riesiger Einkaufswagen ist wirklich verführerisch", weiß Tobias Meyer aus eigener Erfahrung. „Meist kommt man mit mehr Produkten nach Hause, als man eigentlich gebraucht hätte."

Manuela Klaas

Rollstopper

Ist der Parkplatz vor dem Supermarkt leicht abschüssig, so rollt der Einkaufswagen manchmal davon. Will man seine gerade gekaufte Ware im Auto verstauen, kann das ganz schön unangenehm werden. Doch in immer mehr Parkhäusern mit angrenzendem Supermarkt hat man dafür eine Lösung gefunden: kleine runde Plastikstopper, die im Boden eingelassen sind und das Wegrollen verhindern sollen. Man muss sich einfach nur mit einem der vier Räder des Einkaufwagens mitten auf den Stopper stellen.

46

Feuerlöscher

Stets einsatzbereit

D er ehemalige Direktor der Kölner Berufsfeuerwehr Stephan Neuhoff hat in seinen 35 Berufsjahren unzählige Brände gelöscht. „Einen tragbaren Feuerlöscher haben wir dabei nie eingesetzt", sagt er. „Die Feuerwehr muss da schon ganz andere Geschütze auffahren. Oft haben wir aber Feuerlöscher bereitgestellt, wenn wir beispielsweise nach einem Verkehrsunfall befürchteten, ausgelaufenes Benzin könnte sich entzünden. Tragbare Feuerlöscher sind zu Hause, im Betrieb oder bei einem Verkehrsunfall ideal, um einen soeben entstandenen Brand zu löschen."

Der erste Feuerlöscher wurde nach einem Großbrand im schottischen Edinburgh entwickelt: Im Jahr 1813 beobachtete der Engländer George William Manby (1765-1854), dass ein Feuer im oberen Geschoss eines Hauses nicht gelöscht werden konnte, weil die Spritzenpumpe der ortsansässigen Wehr gar nicht so viel Leistung brachte, um den Brandherd überhaupt zu erreichen. Manby, der als Kapitän zur See fuhr, machte sich nach dem Brand in der Edinburgher Dachgeschosswohnung an die Entwicklung eines Kupferzylinders mit einem Volumen von insgesamt 16 Litern, den er mit Asche, zwölf Litern Wasser und Pressluft befüllte.

„Öffnete man den oben am Zylinder angebrachten Verschluss, wurde das Wasser durch den Überdruck hinauskatapultiert", erklärt der ehemalige Feuerwehrchef die damalige Technik und fügt augenzwinkernd hinzu: „Massenfähig war diese Erfindung jedoch nicht."

Erst im Jahr 1866 wurde Manbys Idee weiterentwickelt. Der Franzose François Carlier mischte dem Wasser Natriumhydrogenkarbonat, das wir unter dem Begriff Natron als Backtriebmittel kennen, bei und befüllte damit einen Behälter. In einem zweiten Gefäß lagerte Carlier Schwefelsäure.

„Sobald die Schwefelsäure in Kontakt mit dem Natriumhydrogenkarbonat kommt, bildet sich Kohlensäure", erläutert Stephan Neuhoff.

Das historische Archiv der Feuerwache Köln-Lindenthal ist noch im Besitz einer historischen Spitztüte, die zwischen 1902 und 1960 millionenfach produziert wurde. Stephan Neuhoff hält die neun Kilogramm schwere Flasche hoch.

„Diese befördert durch den entstehenden Überdruck das Wasser aus dem Feuerlöscher." Der erste Soda-Säure-Feuerlöscher war erfunden.

Im Jahr 1905 mischte der russische Chemiker Alexander G. Laurent (1849- nach 1911) Aluminiumsulfat und Natriumhydrogenkarbonat. Auch hier beruhte der Löscheffekt auf der Bildung von Kohlendioxid, welches das Löschmittel mit Überdruck aus dem verwendeten Behälter herausdrückte. „Das Feuer erstickte bei dieser Methode durch den Sauerstoffentzug", konstatiert Stephan Neuhoff. „Damit konnte dieses Verfahren bei ölbasierten Bränden oder aber auch bei Feuern im Bereich der Elektrizität, die mit herkömmlichen Wasserlöschern nicht bekämpft werden konnten, gefahrlos eingesetzt werden."

Chemisches Pulver, mit dem Löschwasser gemischt, ergab mit Hilfe besonderer Geräte Schaum zum Löschen von brennenden Flüssigkeiten.

Laurents Schaumfeuerlöscher funktionierte ähnlich wie der Kohlesäure-Typ von Carlier, nur dass das Löschmittel aus Wasser, Schaum – hier verwendete Laurent Süßholzraspel – und Natriumcarbonat hergestellt wurde.

In einem Vortrag bei einer Tagung der „Kaiserlich-Russischen-Technischen-Gesellschaft" über umfangreiche Versuche mit dem Löschmittel Schaum verwies Laurent auf ein Experiment, bei dem man auf den Ölfeldern von Baku durch ein mit Süßholzextrakt, also Lakritz, versetztes Löschmittel ein ausgebrochenes Feuer erstickt hätte. „Möglich", sagte der Chemiker 1904 „war dies, weil der Lakritz-Grundbestandteil Glycyrrhizin in wässriger Lösung schäumend wirkt."

Den ersten massenfähigen Feuerlöscher brachte jedoch bereits im Dezember 1902 der Unternehmensgründer Wilhelm Graaff (1872–1931) auf den Markt. Die Apparatur erhielt den Namen „Minimax" nach der Devise: ein MINImum an Preis, Gewicht und Größe, bei einem MAXimum an Einfachheit und Leistungsfähigkeit. Bekannt wurde der Schleuder-Trockenfeuerlöscher ohne Druckbehälter aufgrund seiner Tütenform unter dem Namen „Spitztüte". Gefüllt wog das Gerät neun Kilogramm. Das Prinzip war einfach, aber effektiv: Ein mit Salzsäure gefüllter Glaszylinder wurde durch heftiges Aufstoßen auf den Boden zerstört. Der Inhalt reagierte mit einer wässrigen Natriumhydrogencarbonat-Salzlösung und binnen zwei Sekunden erzeugte das freigesetzte Kohlendioxid einen Überdruck, der die Löschflüssigkeit durch eine Aufstiegsröhre zur Düse drückte. Diese spritzte das Füllgut bis zu zwölf Meter weit und acht Meter hoch. Die abkühlende Wirkung des Wassers, aber auch die darin enthaltenen Chemikalien sowie die Kohlensäure wirkten brandhemmend.

Die Spitztüte wurde zum Verkaufsschlager und bereits nach wenigen Jahren weltweit vertrieben. „Dies lag sicherlich an der kinderleichten Handhabung", vermutet Stephan Neuhoff. „Zudem war die Spitztüte stets einsatzbereit." Werbewirksame Sprüche wie „Feuer breitet sich nicht aus, hast du Minimax im Haus" kurbelten den Verkauf zusätzlich an. Der tütenförmige Feuerlöscher wurde von 1902 bis 1960 millionenfach produziert.

Im historischen Archiv der Feuerwache Köln-Lindenthal gibt es neben vielen anderen Ausführungen auch noch ein Exemplar eben dieser „Spitztüte". Stephan Neuhoff präsentiert sie nicht ohne Stolz: „Das ist der Vater aller Feuerlöscher – oder die Mutter, wie man will. Damit bot sich vielen Menschen eine neue Möglichkeit, bei einem Brand sofort handeln und ihn noch im Anfangsstadium löschen zu können." Das gilt bis heute, denn auch die modernen Löscher funktionieren noch nach genau diesem Prinzip.

Manuela Klaas

....

So funktioniert ein Pulverfeuerlöscher

Zuerst löst man den Schlauch und aktiviert die Druckpatrone. Dabei geht man von vorne nach hinten, beziehungsweise von oben nach unten vor. Wichtig ist, in Windrichtung zu agieren, ansonsten nebelt man sich ein. Auch sollte gezielt gearbeitet werden, denn ein einfacher Feuerlöscher ist schon nach wenigen Sekunden leer. Bei größeren Bränden am besten gleich mehrere Löscher bedienen, und zwar gleichzeitig. Hat man die Flammen bekämpft, sollte mit Wasser nachgelöscht werden, um das erneute Aufflackern von Glutnestern zu vermeiden.

Gabriele Thoma liebt ihr Radio heiß und innig.

47

Radio

Kaktus, Kleid und Kofferradio

Als Gabriele Thoma im zarten Alter von 16 Jahren zuhause auszog, nahm sie mit: Ihren Kaktus, ihre Kleider und – ihr Kofferradio! Rund 40 Jahre später besitzt die Augsburgerin mehr als Kofferradio, Kaktus und Kleider. Und statt eines Kofferradios nennt sie nun ein Luxusteil ihr Eigen. Das kostet 700 Euro. Aber, sagt Gabriele Thoma, „es erfüllt mein ganzes Büro mit Musik." Die Stadträtin liebt ihr Radio und sie sagt, dass sie es schade findet, dass man heute eigentlich gar kein Radio mehr braucht, um gute Musik zu hören. So viele Erinnerungen hängen daran. „Ich habe den ersten englischen Song dank des Radios gehört", sagt sie. Das war in den 1970ern und Radio hören war Kult, man verwendete es im heutigen Sinne – zum Vergnügen und zur Information. Das war nicht immer so gewesen: Hatten die Nazis den Rundfunk doch zu Propagandazwecken missbraucht und billige Volksempfänger produzieren lassen. Zehn Jahre vor der Machtergreifung, im Oktober 1923, war die erste Radiosendung ausgestrahlt worden: „Achtung, Achtung!", schallte es damals aus den Geräten. „Hier ist die Sendestelle Berlin im Voxhaus."

Doch wer hat das Radio eigentlich erfunden? Die Meinungen dazu schwingen wie elektromagnetische Wellen von Osten nach Westen. Während die westliche Welt den Italiener Guglielmo Marconi (1874-1937) als Erfinder des Radios feiert, hält die östliche Welt den Russen Aleksander Stepanowitsch Popow (1859-1906) für denjenigen welchen. So schwierig die Antwort auf die Frage nach dem tatsächlichen Erfinder des Radios ist: Unumstritten ist der Fakt, dass die Erfindung einer Zusammenarbeit mehrerer Wissenschaftler bedurfte. Einer davon war Heinrich Hertz (1857-1894): 20 Jahre nachdem die elektromagnetischen Wellen vom englischen Wissenschaftler James Clerk Maxwell (1831-1879) entdeckt wurden, aber noch nicht belegt werden konnten, gelang es ihm, diese durch ein Experiment nachzuweisen. Das war die Grundlage für die Forschungen von Popow, der in einer Schulbibliothek auf Hertz' Experimente stieß und sie wiederholte. Er versuchte, die Wellen über eine längere Distanz hinweg aufrecht zu erhalten.

Kofferradio Philips 1961, Stadtmuseum Schramberg.

Letztendlich musste er seine Forschungen aufgrund fehlender finanzieller Mittel aber einstellen. Unabhängig von Popow verfolgte auch Guglielmo Marconi das Ziel, ein geerdetes Antennensystem aufzustellen. Er begann 1894 mit den Wellen zu experimentieren und ritt damit, im Gegensatz zu Popow, wortwörtlich auf einer Welle des Erfolgs zur drahtlosen Telegrafie. Als auch er 1894 im Laboratorium die Versuche

Hertz' nachahmte, ahnte er wohl noch nicht, dass es ihm einmal gelingen würde, damit eine Distanz von 14 Kilometern zu überbrücken. Doch Marconi wollte die Wellen noch höher schlagen lassen. Ein Vorhaben, das ihm gelang: Von ihm um 1898 entwickelte aufeinander abgestimmte Anlagen waren schon bald imstande, das Problem der Wellenüberlagerung aus dem Weg zu räumen. Dies ermöglichte drei Jahre später sogar die Kommunikation von England bis in die USA. 1902 nahm die Radiotelegrafie zwischen Europa und den USA regulär ihren Dienst auf. „Das muss eine Sensation gewesen sein!", kommentiert Gabriele Thoma. Denn Marconis Erfindung öffnete nicht nur die Türen für weltweite Kommunikation: Sie widerlegte ein für alle Mal die Annahme, dass elektromagnetische Wellen die Erdkrümmung nicht überwinden könnten. Er hatte das Unmögliche möglich gemacht. Die Vorteile, die eine drahtlose Telegrafie im Gegensatz zur Telegrafie mit Unterwasserkabeln einbrachte, machten sich seine ersten Kunden zu Nutze, die vor allem aus der Marine stammten: 1903 waren bereits 50 englische Handelsschiffe mit etwa 25 Küstenstationen in drahtloser Funkverbindung. Und als im Jahr 1912 die Titanic unterging, gelang es dank des Funkers, das andere Schiffe herbeigerufen und dadurch immerhin 700 von 2200 Gästen und Besatzungsmitgliedern gerettet werden konnten. Die Erfindung des Radios kann also getrost als lebensrettend bezeichnet werden.

„Ich habe den ersten englischen Song dank des Radios gehört."

Eva-Maria Bast

Die Post hatte anfangs das Sagen

Radios kann man heute in jedem Elektrogeschäft und den meisten Supermärkten kaufen. Das war nicht immer so: In der Anfangszeit war das Radio Postsache, da der Technik des Radios die der Telegrafie zugrunde lag. Wer ein Radio erwarb, musste sich das bei der Post per Urkunde genehmigen lassen. Eine Rundfunkgebühr gab es schon damals.

Angela Kreutter besitzt noch die Rollschuhe, die sie als Neunjährige von ihrem Kommuniongeld gekauft hat.

48

Rollschuhe

Von blauen Flecken und aufgeschürften Knien

Die Erfindung des Rollschuhs brachte die Welt gehörig in Schwung. Schon die Präsentation des ersten Prototyps im November 1760 endete mit einem spektakulären Sturz. Der belgische Instrumentenbauer und Violinist Jean-Joseph Merlin (1735-1803) liebte große Auftritte. Um bei einem Maskenball des britischen Königshauses im Carlisle House im Londoner Stadtteil Soho für Aufsehen zu sorgen, bastelte sich Merlin ein ungewöhnliches Fortbewegungsmittel: Er schraubte jeweils zwei Metallrädchen auf Platten und schnallte diese an seine Schuhe. Die Räder waren in einer Reihe, also *in line*, angeordnet – der Vorläufer unserer heutigen Inliner. „Die Idee dazu hatte er sich beim Schlittschuhlaufen abgeschaut, das seinerzeit schon ein großes Volksvergnügen war", berichtet Angela Kreutter, die als Erzieherin im Kindergarten arbeitet.

Nachdem Merlin am Abend des Balls vor der Halle genügend Anlauf genommen hatte, glitt er schwungvoll und Violine spielend mitten durch die illustre Gästeschar. Ganz so wie es sich der Belgier vorgestellt hatte, entlockte seine Showeinlage den maskierten Gästen ein verzücktes Raunen, während er diagonal übers Parkett schwebte. Allerdings hatte der Erfinder vergessen, an sein Gefährt Bremsen zu montieren und ein Lenksystem gab es noch nicht. Und so kam, was kommen musste: Am Ende des Saals schlitterte er wenig graziös in einen 500 Pfund teuren Kristallspiegel, der mit lautem Getöse zerbarst. „Von rollenden Schuhen wollte der Musikus fortan nichts mehr wissen", erzählt die Erzieherin lachend.

Im Jahr 1789 konstruierte dann der holländische Bildhauer Maximilian Lodewijk van Lede (1759-1834) einen Rollschuh für alle Temperaturen. Er nannte ihn „Erdschlittschuh". Der Schuh bestand aus einer Metallplatte mit zwei Holzrädern, einer Art Bremse und einem Wadenschaft.

Rollschuhe, 1970, Quelle Versand, 29,95 DM.

Es dauerte noch bis zum 6. Januar 1863, dass der Amerikaner James Leonard Plimpton (1828-1911) den Rollschuh zum Patent anmeldete. Wobei es sich nicht wirklich um einen Schuh, sondern eher um eine Platte handelte, die unter die Schuhe geschnallt wurde. Sie hatte vier Räder und zwei Achsen. Der gelernte Mechaniker befestigte die Rollen an Federn. Indem man ihn zur Seite neigte, war der zweispurige Rollschuh lenkbar. Es war sogar möglich, elegante Kurven zu fahren.

„Plimptons Erfindung löste einen wahren Roll-Boom aus. Rollschuhbahnen schossen wie Pilze aus dem Boden", berichtet Angela

Kreutter. Die Markdorferin erinnert sich noch sehr genau an die Zeit, als sie selbst Rollschuh gelaufen ist. „Meine Rollschuhe habe ich mir 1970 vom Kommunionsgeld gekauft. Natürlich wurden sie gleich ausprobiert, aber ich konnte zunächst gar nicht fahren", erzählt sie. „Am Gartenzaun habe ich dann geübt – Meter für Meter, immer ein Stück weiter. Mit der Zeit hat es dann ganz gut geklappt." Später schnallte sie sich die

„Plimptons Erfindung löste einen wahren Roll-Boom aus."

Rollschuhe sogar zur Fastnacht unter: „Es gibt noch Fotos, wie meine Freundinnen und ich als rollende Clowns und das Jahr darauf als mobile Krankenschwestern unterwegs waren."

Heute stehen die Rollschuhe in einem Schrank in der Garage. Weggeben möchte Angela Kreutter sie nicht, es hängen zu viele Erinnerungen daran: „Sie erzählen Geschichten von unzähligen blauen Flecken und aufgeschürften Knien. Und von jeder Menge Spaß." Auch Tochter Verena ist noch auf ihnen gefahren.

Manuela Klaas

Musical auf Rollschuhen

1988 feierte Andrew Lloyd Webbers Musical „Starlight Express" in Bochum Premiere. Die Darsteller müssen nicht nur singen, spielen und tanzen, sondern auch perfekt Rollschuhlaufen können. Mit einer Geschwindigkeit von bis zu 60 Stundenkilometern rasen sie durch die Zuschauer, die mit Plexiglasscheiben vor Entgleisungen geschützt sind. Die Bochumer Spielstätte wurde eigens für die spezielle Inszenierung, die zum Dauerbrenner avancierte, konzipiert.

49

Reißverschluss

Auf und zu am laufenden Band

„Er ist eine der besten Erfindungen der Welt seit der Erfindung des Rads", sagt die Kölner Stadtführerin Elke Hecker und erklärt auch, warum: „Jeder von uns hat ihn in unendlichen Varianten, an zahllosen Gegenständen, wir benutzen ihn tagtäglich unzählige Male." Eigentlich, findet sie, habe er wesentlich mehr Beachtung verdient als nur als Nebensächlichkeit betrachtet zu werden. „Er ist eine revolutionäre Erfindung, die wir heutzutage in sämtlichen Bereichen des Lebens vorfinden und die aus dem Alltag gar nicht mehr wegzudenken ist." Wovon die Kölner Stadtführerin so begeistert ist? Vom Reißverschluss! Für sie ist er auch deshalb so interessant, weil sehr viele Menschen sehr lange daran tüftelten, bis das perfekte Ergebnis erreicht war: „Die meisten schöpferischen Einfälle verbinden wir mit berühmt gewordenen Namen, aber am Reißverschluss haben viele Menschen über einen Zeitraum von siebzig Jahren herumexperimentiert, bis er zu dem wurde, was wir heute kennen."

1851 erfand der amerikanische Fabrikant Elias Howe (1819-1867) „den automatischen, ununterbrochenen Kleiderverschluss". „Er war es wohl leid, dass Kleidung nur auf umständliche Weise mit Klammern, Schnallen, Nadel, Knöpfen, Haken oder Bändern zu verschließen war", kommentiert Elke Hecker. „Doch letztendlich erwies sich Howes Erfindung als nicht alltagstauglich", bedauert die Kölnerin. Das änderte sich auch nicht, als der erfolgreiche amerikanische Erfinder Whitcomb Judson (1846-1909) weiter am Reißverschluss arbeitete, diesen zum Patent anmeldete und wenig später auf der Weltausstellung in Chicago vorstellte. „Ihm ging es beim Reißverschluss eigentlich darum, einen Verschluss für Schuhe als Alternative zum Schnürsenkel zu finden", erklärt Hecker. Auch auf die sogenannten „clasp-locker" erhielt er ein Patent, doch wirklich erfolgreich wurde weder dieses Modell, noch die vereinfachte Version, die 1904 auf den Markt kam. Nachdem er sich aus dem eigens gegründeten Unternehmen Automatic

Elke Hecker zieht den Reißverschluss ihrer Jacke viel bewusster zu, seit sie sich mit seiner Entstehung befasst hat.

*Der Reißverschluss ent-
wickelte sich im Laufe
der Jahrhunderte weiter.*

Hook and Eye Company zurückzog, stellte sein Partner Lewis Walker seinen Schwager Peter Aronson als Geschäftsführer ein. Der holte den schwedisch-amerikanischen Maschinenbauingenieur Otto Fredrik Gideon Sundbäck (1880-1954) in die Firma. „Der Schwede entwickelte den Reißverschluss dann weiter und ließ sich diese Entwicklung auch patentieren", schildert die Kölnerin. Und zum guten Schluss, um den Reigen der Erfinder aus aller Herren Länder abzurunden, kommt noch ein Schweizer ins Spiel: Martin Winterhalter (1889-1961) aus St. Gallen, der den Reißverschluss zur Serienreife perfektionierte. „Er nannte sein System RiRi, wobei das erste Ri für Rippen und das zweite für Rillen steht", sagt Elke Hecker. „Das war im Grunde schon der Reißverschluss, wie wir in heute kennen." Und lieben: In Deutschland werden tagtäglich unzählige Reißverschlüsse auf- und zugezogen. Immerhin produziert allein die BRD alljährlich rund 70 Millionen laufende Reißverschluss-Meter. Damit könnte man fast zwei Mal die Erdkugel umwickeln. Aber wer wollte die Erde schon auf- und zuzippen.

Eva-Maria Bast

Tucholsky und der Reißverschluss

Kurt Tucholsky hat sich 1928 gefragt „Wie sieht der Erfinder des Reißverschlusses aus?" und schrieb, er denke ihn sich „als einen älteren, teils vergnügten, teils mürrischen Mann". Vergnügt, wenn seine Frau verreist ist, mürrisch in allen anderen Lebenslagen. Der Reißverschluss selbst war für den Schriftsteller ein unerklärliches Phänomen: „Kein Mensch kann sich erklären, warum, warum der Reißverschluß funktioniert. Niemand weiß es. Die Fabrikanten können ihn herstellen, aber sie wissen eigentlich auch nicht ganz genau, was sie da fabrizieren. Ich weiß es nicht. Du weißt es nicht. Wir wissen es alle nicht."

Apothekerin Birgitt Grömmer besitzt noch eine alte Hansaplast-Sprechstundenpackung aus den 1930er-Jahren.

Heftpflaster

Der Streifen für kleine Verletzungen

O b beim Rollschuhlaufen, Fußballspielen oder nach einem kleinen Gerangel: Nicht selten müssen Eltern trösten, weil Knie und Ellbogen aufgeschürft sind. Meist heißt es dann: Pusten, Pflaster drauf und fertig. „Gestrichene Pflaster" gibt es seit Ende des 19. Jahrhunderts. Erfunden hat sie ein Apotheker.

Paul Carl Beiersdorf (1836-1896) hatte ein bewegtes Leben. Nachdem er das Staatsexamen der Apothekerausbildung absolviert hatte, leitete er eine Neusilberfabrik in Moskau, war dann Mitinhaber der Firma Schmidt & Haensch für optische Instrumente in Berlin und führte anschließend zwei Apotheken, bevor er 1880 mit 44 Jahren in Hamburg die Merkur-Apotheke in der Mühlenstraße 42, ganz in der Nähe des Michels, übernahm.

Erst nach dem Kauf fiel ihm auf, wie heruntergewirtschaftet die Apotheke war. Um fortbestehen zu können, richtete Beiersdorf ein

Labor ein und führte für Hamburgs Ärzte physiologische und nahrungsmittelchemische Analysen und Untersuchungen durch. Seine Berufserfahrung als Physiker sowie seine neuartigen Untersuchungsmethoden verschafften ihm bald einen guten Ruf. Beiersdorf begann mit dem jungen Hamburger Arzt Paul Gerson Unna (1850-1929) zusammenzuarbeiten. Unna war der führende deutsche Dermatologe seiner Zeit. Die beiden experimentierten mit Mull, der in heiße Salben getränkt wurde, als Heilpflaster und verwendeten auch klebrigen Milchsaft aus dem Kautschuk- und dem Guttapercha-Baum. Die Pflaster sollten auf der Haut haften und ihre Wirkstoffe freisetzen. Am 8. November 1881 beantragte Paul Carl Beiersdorf das Patent zur „Herstellung von gestrichenen Pflastern".

„Der Begriff Pflaster ist abgeleitet vom griechischen *émplastron*, was ‚das Aufgeschmierte' bedeutet und damit die Art und Weise der Herstellung aufgreift", erklärt Birgitt Grömmer, die eine Apotheke in Meersburg betreibt.

Am 28. März 1882 stellte das Kaiserliche Patentamt dem Apotheker eine Schrift mit der Nummer 20057 zur „Herstellung von gestrichenen Pflastern" aus. „Auf eine zarte Guttaperchaschicht, welche auf Mull (…) verteilt ist, streicht man gleichmäßig die aus Vaseline, Schmalz, Talg (…) und Arzneistoff bestehende Pflastermasse", heißt es darin. Beiersdorf verwendete den Guttaperchasaft zum Abdichten. Der Wirkstoff sickerte nicht nach außen und ließ sich gezielt dort einsetzen, wo er gebraucht wurde. Er gab dem Spezialverband den Namen „Guttaplaste". „Dies war zur damaligen Zeit eine kleine Revolution", sagt Apothekerin Birgitt Grömmer. „Die Ärzte hatten zum ersten Mal die Möglichkeit, Wunden ohne viel Baumwolle mit selbsthaftendem Material zu verschließen." Die „gestrichenen Pflaster" eroberten den Markt. Bei Körpertemperatur passten sie sich der Haut an. Der Tag der Patenterteilung markierte auch die Geburtsstunde des Beiersdorf-Konzerns, der heute mit Marken wie Hansaplast, Tesa oder Nivea weltweit erfolgreich ist. Paul Carl Beiersdorf legte den Grundstein für einen ganzen Industriezweig. Innerhalb von sechs Jahren verfünffachte sich der Umsatz. Der Apotheker ließ in Hamburg-Altona eine Fabrik in der Oelkersallee 82 bauen. Beim Bezug der Räume im Spätherbst 1890 hatte er das Unternehmen mit elf Mitarbeitern aber bereits an den Pharmazeuten und Geschäftsmann Oscar Troplowitz (1863-1918) verkauft. Ein halbes Jahr zuvor hatte sich sein erst 16-jähriger Sohn Carl Albert erschossen, woraufhin Beiersdorf den Lebensmut verlor. Er vergiftete sich 1896 verarmt im Preußischen Kulturministerium zu Berlin.

Oscar Troplowitz indes erkannte das Potential des Beiersdorfschen Patents auch für wirkstofffreie Pflaster zur Wundversorgung. Schon lange waren die Ärzte auf der Suche nach einem Mittel, mit dem nicht nur Hautausschläge, sondern auch offene Wunden schnell und erfolgreich behandelt werden konnten. Troplowitz mischte dem Kautschuk Zinkoxid bei, das antiseptisch wirkt und die Wundheilung fördert. Es gelang ihm, ein Pflaster herzustellen, das eine hohe Hautverträglichkeit besaß und zudem äußerst haftfähig war. Der Wirkstoff Zinkoxid färbte den neuen Verbandsstoff weiß. Nach den griechischen Bezeichnungen *leukos* für ‚weiß‘ und *plastos* für ‚geformt‘ nannte Troplowitz das neue Produkt „Leukoplast" und brachte es 1901 auf den Markt.

Bis zur Entwicklung des optimalen Wundpflasters sollten jedoch noch Jahre vergehen. Das Pflaster, wie wir es heute kennen, gibt es erst seit 1922. Vier Jahre zuvor war es gelungen, das Leukoplast-Pflaster mit einer saugfähigen Mullauflage zu versehen – fertig war das Hansaplast.

„Wie der Name entstand, weiß der Beiersdorf-Konzern selbst nicht mehr so genau", sagt Birgitt Grömmer. „Vielleicht stand der Firmensitz in Hamburg Pate."

Manuela Klaas

Erfinderische Apotheker

Apotheker haben sich in der Geschichte immer wieder als Erfinder hervorgetan. Neben naturwissenschaftlichen Kenntnissen gehören auch handwerkliche Fertigkeiten zum Berufsbild. Früher wurden Arzneimittel noch ausschließlich von Hand angerührt. Wobei nicht alle Erfindungen, die von Pharmazeuten stammen, zwingend etwas mit Heilung zu tun hatten: Auf ihr Konto gehen auch Alltagsdinge wie Streichhölzer, Backpulver und Alleskleber.

Quellen, Literatur, Bildnachweis

3sat: nano. URL: http://www.3sat.de/page/?source=/nano/technik/177176/index.html. Abgerufen am 05.04.2017.

Abendblatt: Als der Einkauf ins Rollen kam. http://www.abendblatt.de/wirtschaft/article106441706/Welterfolg-Einkaufswagen-Als-der-Einkauf-ins-Rollen-kam.html. Abgerufen am 14.06.2017.

Apotheker Binninger's Gesundheitsblog. URL: http://qgenic.com/tag/streichhoelzer/. Abgerufen am: 03.06.2017.

Archäologie in Krefeld: Schlösser und Beschläge der Römerzeit. URL: http://www.archaeologie-krefeld.de/projekte/schluessel.htm. Abgerufen am 13.06.2017.

ARD - Planet Wissen: Geschichte der Tonträger: Emil Berliner. URL: http://www.planet-wissen.de/kultur/musik/geschichte_der_tontraeger/pwieemilberliner100.html. Abgerufen am 01.06.2017.

Badische Zeitung: Geistesblitze – Stichhaltige Ergebnisse. URL: http://www.badische-zeitung.de/geistesblitze/geistesblitze-stichhaltige-ergebnisse--29422598.html. Abgerufen am 11.06.2017.

Badwochenblatt vom 29. Juli 1817.

Bast, Eva-Maria; Thissen, H: Geheimnisse der Heimat. 50 spannende Geschichten aus Konstanz. Konstanz 2011, S. 25 ff.

Bayerischer Rundfunk: alpha-Forum: Artur-Fischer, Erfinder-und-Unternehmer. URL: http://www.ardmediathek.de/tv/alpha-Forum-Artur-Fischer/Erfinder-und-Unternehmer/ARD-alpha/Video?bcastId=33104620&documentId=33104638. Abgerufen am 05.04.2017.

Birzer, Tobias: Ein Patent, das die Welt veränderte. URL: http://www.focus.de/wissen/mensch/geschichte/erfindungen/technikgeschichte-ein-patent-das-die-welt-veraenderte_aid_474269.html. Abgerufen am 31.05.2017.

Blech gehabt - Geschichte des Dosenöffners. In: FAZ. URL: http://www.faz.net/aktuell/technik-motor/umwelt-technik/geschichte-des-dosenoeffner-blech-gehabt-12817139.html. Abgerufen am 21.06.2017.

BR.de: Der Dosenöffner wird patentiert. URL: http://www.br.de/radio/bayern2/wissen/kalenderblatt/1907-Dosenoeffner-Konservendose-William-Lyman100.html. Abgerufen am 21.06.2017.

Businesstraveller: Internationale Länderübersicht der Steckertypen und Netzspannungen. URL: http://www.businesstraveller.de/service/internationale-steckdosentypen-im-ueberblick/#slide-7. Abgerufen am 12.06.2017.

C. & E. Fein GmbH: Die Elektrobohrmaschine wird 120 Jahre: ein Welterfolg aus Schwaben. URL: https://fein.com/de_de/fein/presse/pressearchiv-t400002/die-elektrobohrmaschine-wird-120-jahre-ein-welterfolg-aus-schwaben-102/. Abgerufen am 20.06.2017.

Chip: Warum haben Kronkorken 21 Zacken. URL: http://www.chip.de/video/Warum-haben-Kronkorken-21-Zacken-Video_111214153.html. Abgerufen am 19.06.2017.

Contorion Magazin: Die Geschichte der Schraube – Verbindungselement mit Vergangenheit. URL: https://www.contorion.de/magazin/die-geschichte-der-schraube-verbindungselement-mit-vergangenheit. Abgerufen am 19.06.2017.

Craulabesh: Rollenspiel in der Antike. URL: https://craulabesh.wordpress.com/2013/05/16/rollenspiel-in-der-antike/. Abgerufen am 13.06.2017.

Das Kaugummi-Portal: Geschichte. URL: http://www.kau-gummi.de/startseite-wissen/geschichte.html. Abgerufen am 25.06.2017.
Der Tee Blog: Die Geschichte des Teebeutels. URL: http://www.der-tee-blog.de/geschichte/die-geschichte-des-teebeutels/. Abgerufen

am 03.07.2017.

Deutsches Patent- und Markenamt: Patentschrift Nr. 489 003, Bayerische Elektrozubehör A.G.: Stecker mit Erdungseinrichtung. URL: https://presse. dpma.de/docs/pdf/poster/ postergalerie2010_09_bayer. elektrozubehoerag.pdf. Abgerufen am 31.05.2017.

Deutschlandfunk Kultur: Erfindung des Kronkorkens – Kleine Zacken mit großer Wirkung. URL: http://www. deutschlandfunkkultur.de/erfindung-des-kronkorkens-kleine-zacken-mit-grosser-wirkung.932.de.html. Abgerufen am 19.06.2017.

Die Geschichte der Energiesparlampe. In: Grünspar.de. URL: https://www.gruenspar. de/infopages/energiesparende-beleuchtung/ energiesparlampe/geschichte. Abgerufen am 12.06.2017.

Die Geschichte des Dosenöffners. In: Dosenöffner-tests. URL: https://www. dosenoeffner-test.de/geschichte/. Abgerufen am 21.06.2017.

Die Presse: Steinzeit-Leim – Forscher finden 120.000-jährigen Klebstoff. URL: http:// diepresse.com/home/science/566213/ SteinzeitLeim_Forscher-finden-120000jaehrigen-Klebstoff-. Abgerufen am 29.06.2017.

Die Welt: Als die ganze Welt ins Rollen geriet. URL: https://www.welt.de/geschichte/ article112534150/Als-die-ganze-Welt-ins-Rollen-geriet.html. Abgerufen am: 05.06.2017.

Die Welt: Ein Schweizer Jäger erfand den Klettverschluss. URL: https://www.welt.de/ print-welt/article376803/Ein-Schweizer-Jaeger-erfand-den-Klettverschluss.html. Abgerufen am 16.06.2017.

Die Welt: UHU Alleskleber. URL: https:// www.welt.de/print-wams/article116359/ UHU-Alleskleber.html. Abgerufen am 27.06.2017.

Döbler, Hannsferdinand: Kochkünste und

Tafelfreuden. o.O. 1972, S. 157.

e-mobile.ch: La jamais contente. URL: http:// www.e-mobile.ch/pdf/2005/Fact-Sheet_ LaJamaisContente_FW.pdf. Abgerufen am 19.06.2017.

Eldridge, Lisa: Face Paint – The Story of Make up. New York 2015. S. 139ff.

Elektromotor: Geschichte. URL: http:// elektromotor.erlenstedt.de/geschichte.php. Abgerufen am 20.06.2017.

Feuerwehrgeschichte – 1900 bis 1909. URL: http://www.feuerwehrgeschichte.de/ geschichte/fwch1900.htm. Abgerufen am 12.06.2017.

Frankfurter Allgemeine Zeitung: Ein Papier-Taschentuch macht Geschichte. URL: http:// www.faz.net/aktuell/gesellschaft/tempo-ein-papier-taschentuch-macht-geschichte-1147928.html. Abgerufen am 10.06.2017.

Fraunhofer. Florian Freistetter: Sensoren, Technik. In: Forschungs-Block vom 2.10.2012. URL: http://www.forschungs-blog. de/vom-telemobiloskop-zum-miniatur-radargerat. Abgerufen am: 27.3.2017.

Gante, Matthias: Persönlichkeitsbildung durch Musikmedien. URL: https://books. google.de/books?id=HQ99BAAAQBAJ&pg= PA6&lpg=PA6&dq=Laterale +Schallaufzeichnung#v=onepage&q=Later ale%20Schallaufzeichnung. Abgerufen am 01.06.2017.

Geschichte der Glühlampe. URL: http:// www.handelsring.de/geschichte-der-gluehlampe.php. Abgerufen am 31.05.2017.

Geschichte von Neonröhren, Sparlampen und Leuchtstofflampen. In: Die Energiesparlampe. URL: http://www. dieenergiesparlampe.de/leuchtstofflampen/ historie/. Abgerufen am 12.06.2017. Handelsblatt: 125 Jahre Rolltreppe. URL: http://app.handelsblatt.com/technik/ forschung-medizin/125-jahre-rolltreppe-rechts-stehen-links-gehen/19518104.html. Abgerufen am 09.06.2017.

Hahn, Reiner: Origin of Schuko®plugs and sockets. URL: http://www.plugsocketmuseum.nl/Schuko-origin.html. Abgerufen am 31.05.2017.

Hartwig, Gert; Linden, Heiko von der; Skrobisch, Hans Peter: Thermische Konservierung in der Lebensmittelindustrie, Hamburg, 2. Auflage 2014, S. 1-3.

Helpster: Wer war der Erfinder des Radios? URL: http://www.helpster.de/wer-war-der-erfinder-des-radios_227872. Aufgerufen am 20.06.2017.

Historischer Elektromaschinenbau: Geißlersche Röhren. URL: http://www.historischer-elektromaschinenbau.de/downloads/geissler.pdf. Abgerufen am 12.06.2017.

Höfer, Katrin; Hesse, P.: Das große Tipp-Kick-Buch. Hannover 2008, S. 17 ff.

Jenner, Greg: Neues von vorgestern. Köln 2016.

Jewiki: Uhu. URL: https://www.jewiki.net/wiki/Uhu. Abgerufen am 29.06.2017.

Kalenderblatt.de: 10.6.1943: Kugelschreiber patentiert. URL: http://www.kalenderblatt.de/index.php?what=thmanu&manu_id=919&tag=10&monat=6&weekd=&weeknum=&year=2005&lang=de&dayisset=1. Abgerufen am 13.06.2017.

Kluge, Heidi: Trendsportart Inline-Skating – Verletzungsmuster und Risikogruppen. Dissertation zur Erlangung des Grades eines Doktors der Medizin. URL: http://ediss.sub.uni-hamburg.de/volltexte/2006/3131/pdf/HeidiKluge.pdf. Abgerufen am: 05.06.2017.

Kontent Tausch: Geschichte des Feuerlöschers. URL: http://www.contenttausch.eu/index.php?id=812. Abgerufen am 12.06.2017.

Langenscheidt, Florian: Deutsche Standards: Marken des Jahrhunderts. 15. Auflage. Köln 2006, S. 224.

Lego: Die LEGO® Geschichte. URL: https://www.youtube.com/watch?v=UTlQrckzDY4.

Abgerufen am 02.06.2017.

Lessing, Hans-Erhard: Automobilität – Karl Drais und die unglaublichen Anfänge. Leipzig 2003, S. 120-121.

Lindner, Helmut: Nipkow, Paul. In: Neue Deutsche Biographie 19 (1999), S. 279 [Online-Version]; URL: https://www.deutsche-biographie.de/gnd130688142.html#ndbcontent. Abgerufen am 19.06.2017.

Lokaler Schlüsselnotdienst: Historie des Schlüssels. URL: https://www.lokaler-schluesselnotdienst.de/geschichte-des-schluessels/. Abgerufen am 13.06.2017.

Los Angeles Times: Ladislao Biro, Inventor of Ballpoint Pen, Dies 86. LA Times vom 26.10.1985. URL: http://articles.latimes.com/1985-10-26/business/fi-13351_1_fountain-pens. Abgerufen am 13.06.2017.

Matzke, Wilfried: Die ältesten Hausnummern der Welt. Adressierung der Fuggerei besteht seit 1519. In: Augsburger Stadtzeitung vom 17.08.2016.

MDR: 165 Jahre Wund(er)pflaster - ein Streifen erobert die Welt. URL: http://www.mdr.de/wissen/pflaster-112.html. Abgerufen am 3.6.2017.

Mehmke, Rudolf; Fein, Emil. In: Neue Deutsche Biographie (NDB). Band 5, Duncker & Humblot, Berlin 1961, S. 59 f. (Digitalisat).

Mercedes-benz.com: Geburt des Automobils vor 130 Jahren. URL: https://www.mercedes-benz.com/de/mercedes-benz/classic/historie/geburt-des-automobils/. Abgerufen am 19.06.2017.

Mercedes-benz.com: Benz Patent-Motorwagen. URL: https://www.mercedes-benz.com/de/mercedes-benz/classic/museum/benz-patent-motorwagen/. Abgerufen am 19.06.2017.

Nylons/Perlon – Wirtschaftswundermuseum. URL: http://www.wirtschaftswundermuseum.de/nylons-perlon-1.html. Abgerufen am 28.06.2017.

NZZ: Die Anfänge der drahtlosen Telegrafie. URL: https://www.nzz.ch/article7scju-1.503613. Aufgerufen am 20.06.2017.

Paczensky, Gert von; Dünnebier, A.: Leere Töpfe, volle Töpfe. Die Kulturgeschichte des Essens und Trinkens. München 1994, S. 318.

Planet Wissen: Die Geschichte der Gabel. URL: http://www.planet-wissen.de/gesellschaft/essen/tischetikette/pwiediegeschichtedergabel100.html. Abgerufen am 21.06.2017.

Rheinische Post vom 15.2.2015. Ute Rasch: Das Telemobiloskop und was daraus wurde.

Rehm, Margarete: Information und Kommunikation in Geschichte und Gegenwart. URL: http://www.ib.hu-berlin.de/~wumsta/infopub/textbook/umfeld/rehm10.html. Abgerufen am 13.06.2017.

Ricker, Julia: Petrus mit Brille. Vom Sehen im Mittelalter. In: Monumente 4, 2012.

Schmitz, H. E.: Handbuch zur Geschichte der Optik I: Von der Antike bis Newton. Bonn 1981, S. 69–71.

Schraube und Mutter: URL: http://www.hp-gramatke.de/history/german/page0300.htm. Abgerufen am 08.07.2017.

Schwedt, Georg: Experimente rund um die Kunststoffe des Alltags. Weinheim, 2013. S. 100.

Skyscanner: Internationale Länderübersicht der Steckertypen und Netzspannungen. URL: https://www.skyscanner.de/nachrichten/internationale-laenderuebersicht-der-steckertypen-und-netzspannungen. Abgerufen am 12.06.2017.

Sparkassenverband Niedersachsen: Wie funktioniert ein Geldautomat. URL: https://www.svn.de/sparkassengeschichten/geschichten/wie-funktioniert-ein-geldautomat.html. Abgerufen am 14.06.2017.

Spiegel online: 100 Jahre Dauerwelle. http://www.spiegel.de/einestages/100-jahre-dauerwelle-a-948709.html. Abgerufen am 24.06.2017.

Spiegel online: Erfindung der Rolltreppe: Hoch die Massen. URL: http://www.spiegel.de/einestages/erfindung-der-rolltreppe-hoch-die-massen-a-947596.html. Abgerufen am 09.06.2017.

Spiegel Online: Millionäre – Richtiger Riecher. http://www.spiegel.de/spiegel/print/d-41069414.html. Abgerufen am 22.06.2017.

Steinzeitwissen: Zunderschwamm. URL: www.steinzeitwissen.de/feuer/zunderschwamm. Abgerufen am 19.06.2017.

Stillich, Sven: Es war einmal... die erste E-Mail URL: http://www.stern.de/digital/online/internetgeschichte-es-war-einmal----die-erste-e-mail-3325640.html. Abgerufen am 16.06.2017.

Süddeutsche Zeitung: Das Auge küsst mit. URL: http://www.sueddeutsche.de/leben/schmink-kultur-das-auge-kuesst-mit-1.877964. Abgerufen am 20.06.2017.

Tagesspiegel: Vom Volksempfänger zum Volksempfängnis. URL: http://www.tagesspiegel.de/medien/goebbels-schnauze-vom-volksempfaenger-zur-volksempfaengnis/8653700.html. Aufgerufen am 20.06.2017.

tec.Lehrerfreund: Bionik (2): Eine Sache mit Haken und Ösen – der Klettverschluss. URL: https://www.lehrerfreund.de/technik/1s/bionik-2-Eine-Sache-mit-Haken-und-oesen-der-Klettverschluss/3856. Abgerufen am 16.06.2017.

Technisches Museum Wien: Schraubsteckdose mit Fassung, um 1920. URL: https://www.technischesmuseum.at/home/sammlung-forschung/sammlungsbereiche/ojekt-detail/articleid/479?urlmaster=false. Abgerufen am 31.05.2017.

Telefon. In: Vom Faustkeil zum Laserstrahl. Stuttgart 1982. S. 276.

The People Lexicon – Who´s Who: Melitta

Bentz – Biografie. URL: http://www.
whoswho.de/bio/melitta-bentz.html.
Abgerufen am: 05.06.2017.

Tobias, Andrew: The Story of Charles
Revson, the Man Who Built the Revlon
Empire. New York 1976.

Toptarif: Die Geschichte des Handys – vom
Motorola DynaTAC bis Google Glass. URL:
https://www.toptarif.de/handy/wissen/
handy-geschichte/. Abgerufen am:
12.06.2017.

Tucholsky, Kurt: Reißverschluss. URL: www.
textlog.de/tucholsky-er-finder.html.
Abgerufen am 01.09.2017.

UHU 50 Jahre. Jubiläumsbroschüre.
Sonderdruck aus dem Heimatbuch des
Landkreises Rastatt, 1982. S.4f.

Vensky, Hellmuth: Der Mann, der den
Kugelschreiber erfand. In: Zeit online. URL:
www.zeit.de/wissen/geschichte/2013-06/
kugelschreiber-erfinder-laszlo-biro.
Abgerufen am 01.09.2017.

Verlag Das Beste: Vom Faustkeil zum
Laserstrahl. Die Erfindungen der Menschheit
von A-Z. Stuttgart 1982.

Vinylschallplatte – Tonaufzeichnung. URL:
http://www.tonaufzeichnung.de/medien/
vinylschallplatte/. Abgerufen am 01.06.2017.

Vitolini Naldini, Petra; Stehle, R.: Eine kleine
Geschichte des Fernsehens. URL: https://
www.heise.de/tp/features/Eine-kleine-
Geschichte-des-Fernsehens-3407771.html.
Abgerufen am 19.06.2017.

Vom Faustkeil zum Laserstrahl, Stuttgart,
1982, S. 212.

Was ist was: Die Geschichte der
Sicherheitsnadel. URL: http://www.
wasistwas.de/archiv-technik-details/die-
geschichte-der-sicherheitsnadel.html.
Abgerufen am 11.06.2017.

Welt der Wunder: Verführung pur: Wie
entstand der Lippenstift? URL: http://www.
weltderwunder.de/artikel/verfuehrung-pur-
wie-entstand-der-lippenstift. Abgerufen am

20.06.2017.

Wolfschmidt, Gudrun: Hamburgs
Geschichte einmal anders – Entwicklung der
Naturwissenschaften, Medizin und Technik.
Teil 2. Norderstedt 2009, S. 105.

WDR: Die Sendung mit der Maus vom
13.6.2015. URL: http://www.ardmediathek.
de/tv/Die-Sendung-mit-der-Maus/Warum-
ist-die-Konservendose-rund/WDR-
Fernsehen/Video?bcastId=22380500&docu
mentId=28932366. Abgerufen am
22.05.2017.

WDR: Stichtag. 14. Mai 1996 - Teebeutel-
Entwickler Adolf Rambold stirbt. URL:
http://www1.wdr.de/stichtag/stichtag5332.
html. Abgerufen am 03.07.2017.

Whoswho.de: Guglielmo Marconi. URL:
http://www.whoswho.de/bio/guglielmo-
marconi.html. Aufgerufen am 20.06.2017.

Whoswho.de: John Logie Baird. URL: http://
www.whoswho.de/bio/john-logie-baird.html.
Abgerufen am 19.06.2017.

Wikipedia: Bohrmaschine. URL: https://de.
wikipedia.org/wiki/Bohrmaschine.
Abgerufen am 20.06.2017.

Wikipedia: Briefmarke. URL: https://de.
wikipedia.org/wiki/Briefmarke. Abgerufen
am 07.07.2017.

Wikipedia: Calamistrum. URL: https://de.
wikipedia.org/wiki/Calamistrum. Abgerufen
am 24.06.2017.

Wikipedia: Essbesteck. URL: https://de.
wikipedia.org/wiki/Essbesteck#cite_note-1.
Abgerufen am 21.06.2017.

Wikipedia: Schallplatte. URL: https://de.
wikipedia.org/wiki/Schallplatte. Abgerufen
am 01.06.2017.

Wikipedia: Telefon. URL: https://de.
wikipedia.org/wiki/Telefon. Abgerufen am
12.06.2017.

Wilmington Morning Star: Ball-point pen
inventor dies. Wilmington Morning Star
vom 25.10.1985. URL: https://news.google.

com/newspapers?nid=1454&dat=19851025&
id=qOJOAAAAIBAJ&sjid=yhMEAAAAIBA
J&pg=6941,7408695. Abgerufen am
13.06.2017.

Wrigleys: Unternehmensgeschichte. URL:
http://www.wrigley.de/unternehmen/
geschichte. Abgerufen am 25.06.2017.

Zeit online: Das erste Auto - lange vor Benz.
URL: www.zeit.de/auto/2011-02-
autogeschichte-erfinder. Abgerufen am
01.09.2017.

Bildnachweis

1. Telefon: Bild 1: Kerstin Ruhe. Bild 2:
https://commons.wikimedia.org/wiki/
File%3ATelephon_1846.jpg. Abgerufen am
05.07.2017.
6. Papiertaschentuch: Bild 1: Rainer
Langensiepen.
7. Glühbirne: Bild 1: Magdalena Stoll. Bild 2:
https://commons.wikimedia.org/wiki/
File%3AThomas_edison_gl%C3%BChbirne.
jpg. Abgerufen am 03.07.2017.
8. Bleistift: Bilder: Faber-Castell.
9. Porzellan: Bild 2: Magdalena Stoll.
12. Taktstock: Bild 2: iStock, whitemay.
13. Kugelschreiber: Bild 2: Gemeinfrei, URL:
https://commons.wikimedia.org/wiki/
File%3ABol%C3%ADgrafo_marca_
birome_I.jpg. Abgerufen am 01.07.2017.
15. Schraube: Bild 1: Magdalena Stoll. Bild 2:
iStock, duncan1890.
17. E-Mail: Bild 1: Magdalena Stoll.
18. Wegwerfwindel: Bild 1: Reiner Jäckle.
19. Koffer: Bild 2: By Villanova University
Digital Library (Flickr: Advertisement for
Louis Vuitton) [Public domain], via
Wikimedia Commons. Abgerufen am
09.07.2017.
20. Radar: Bild 2: Polizeimuseum Konstanz.
21. Streichhölzer: Bild 1: By user: Enslin
(Own work) [GFDL]. Abgerufen am
01.07.2017.
23. Auto: Bild 2: Mercedes-Benz Classic.
24. Tipp-Kick: Bild 2: TIPP-KICK / Edwin
Mieg OHG.
25. Briefmarke: Bild 1: Gemeinfrei, By
Johann Peter Haseney [Public domain], via
Wikimedia Commons. Abgerufen am
06.07.2017.
26. Alleskleber: Bild 2: UHU GmbH & Co.

KG.
27. Steckdose: Bild 1: Magdalena Stoll. Bild
2: Pixabay.
28. Klettverschluss: Bild: Miriam Meyer.
29. Sattel: Bild 2: https://upload.wikimedia.
org/wikipedia/commons/d/d4/Sattler-1568.
png. Abgerufen am 02.07.2017.
31. Dosenöffner: Bild 2: Manuela Klaas.
33. Kaugummi: Bilder: Annika Klaas.
34. Fernseher: Bild 2: Gemeinfrei, von
Eckhard Etzold (Selbst fotografiert) [CC
BY-SA 2.0 de (http://creativecommons.org/
licenses/by-sa/2.0/de/deed.en)], via
Wikimedia Commons. Abgerufen am
28.06.2017.
38. Ball: Bild 1: iStock, adomer. Bild 2: privat.
39. Schlüssel: Bild 1: Magdalena Stoll. Bild 2:
https://commons.wikimedia.org/wiki/
File:R%C3%B6mischer_Schl%C3%BCssel.
JPG, Bild 2: Magdalena Stoll
41. Fahrrad: Bild 2: By xerocopy (prospectus)
[Public domain], via Wikimedia Commons.
Abgerufen am 05.07.2017.
42. Sicherheitsnadel: Bild 1: Rainer
Langensiepen.
43. Bohrmaschine: Bild 2: https://commons.
wikimedia.org/wiki/File%3AFein-
Bohrmaschine_1895_-_1.jpg. Abgerufen am
04.07.2017.
44. Einkaufswagen: Bild: Miriam Meyer.
45. Besteck: Bild 1: Kerstin Ruhe. Bild 2:
Museen der Stadt Bamberg.
47. Radio: Bild 2: Manuela Klaas.
49. Reißverschluss: Bild 2: Zeichnung:
Sophia Düker.

Haftungsausschluss

Trotz intensiven Austauschs mit unseren
Gesprächspartnern, gewissenhafter
Literaturrecherche und aufmerksamem
Korrekturlesen erheben wir weder einen
Anspruch auf Vollständigkeit noch auf
Fehlerlosigkeit. Wir haben streng darauf
geachtet, keine Urheberrechte zu verletzen,
unsere Recherchen sind nach bestem Wissen
und Gewissen erfolgt. Dennoch übernehmen
wir keinerlei Gewähr für die Aktualität,
Korrektheit oder Vollständigkeit der
bereitgestellten Informationen.
Haftungsansprüche gegen uns schließen wir
grundsätzlich aus.